ACCESO GRATIS *a la Lectura en la Nube*

Para visualizar el libro electrónico en la nube de lectura envíe junto a su nombre y apellidos una fotografía del código de barras situado en la contraportada del libro y otra del ticket de compra a la dirección:

ebooktirant@tirant.com

En un máximo de 72 horas laborables le enviaremos el código de acceso con sus instrucciones.

INFORME SOBRE EL RÉGIMEN JURÍDICO DE LAS INCOMPATIBILIDADES DEL TRABAJO, DE LAS PRESTACIONES DE SEGURIDAD SOCIAL Y DEL INGRESO MÍNIMO VITAL Y OTRAS RENTAS AUTONÓMICAS DE INSERCIÓN EN EL ORDENAMIENTO JURÍDICO ESPAÑOL

INFORME SOBRE EL RÉGIMEN JURÍDICO DE LAS INCOMPATIBILIDADES DEL TRABAJO, DE LAS PRESTACIONES DE SEGURIDAD SOCIAL Y DEL INGRESO MÍNIMO VITAL Y OTRAS RENTAS AUTONÓMICAS DE INSERCIÓN EN EL ORDENAMIENTO JURÍDICO ESPAÑOL

Tomás Sala Franco
Catedrático de Derecho del Trabajo y de la Seguridad Social
Universidad de Valencia. Estudio General

tirant lo blanch
Valencia, 2025

En caso de erratas y actualizaciones, la Editorial Tirant lo Blanch publicará la pertinente corrección en la página web www.tirant.com.

© TIRANT LO BLANCH
EDITA: TIRANT LO BLANCH
C/ Artes Gráficas, 14 - 46010 - Valencia
TELFS.: 96/361 00 48 - 50
FAX: 96/369 41 51
Email: tlb@tirant.com
www.tirant.com
Librería virtual: www.tirant.es
DEPÓSITO LEGAL: V-4565-2024
ISBN: 978-84-1071-940-8
MAQUETA: Tink Factoría de Color

Si tiene alguna queja o sugerencia, envíenos un mail a: *atencioncliente@tirant.com*. En caso de no ser atendida su sugerencia, por favor, lea en *www.tirant.net/index.php/empresa/politicas-de-empresa* nuestro procedimiento de quejas.

Responsabilidad Social Corporativa: http://www.tirant.net/Docs/RSCTirant.pdf

Sumario

I. Introducción

1. ÁMBITO DE DESARROLLO DEL PRESENTE INFORME

El presente Informe pretende abordar el régimen jurídico de las incompatibilidades de todo tipo de ingresos económicos que pudiera percibir un trabajador por su trabajo - por cuenta ajena o por cuenta propia- de la Seguridad Social -contributiva o no contributiva- y de la asistencia social del Estado o de las Comunidades Autónomas en los casos previstos legalmente de necesidad para cubrir sus necesidades vitales más urgentes.

El Informe incluye a su vez las incompatibilidades entre distintos trabajos, entre distintas prestaciones públicas y entre distintos trabajos y distintas prestaciones públicas (de la Seguridad Social contributiva o no contributiva y de la asistencia social del Estado o de las Comunidades Autónomas).

Se pretende con ello, denunciar el grave desorden normativo existente en esta materia, contribuyendo así a dar una mínima seguridad jurídica a los operadores jurídicos que tienen que aplicarla.

II. Los posibles ingresos económicos de un trabajador por cuenta ajena

2. LA VARIEDAD DE INGRESOS ECONÓMICOS POSIBLES

Un trabajador por cuenta ajena puede, por hipótesis, recibir ingresos económicos de su empresario (salarios y prestaciones extrasalariales), de los clientes de su empresa (propinas o regalos), prestaciones económicas de la Seguridad Social contributiva y no contributiva (pensiones, subsidios o prestaciones económicas puntuales) o prestaciones económicas de la asistencia social del Estado, de las Comunidades Autónomas o de otras entidades públicas o privadas.

III. El régimen de las incompatibilidades del trabajo

II.1. El régimen de las incompatibiidades del trabajo por cuenta ajena en el sector privado

3. EL DEBER DE BUENA FE CONTRACTUAL DEL TRABAJADOR Y SUS EXIGENCIAS

En principio, tanto el pluriempleo -realizar dos o más trabajos por cuenta ajena,- o la pluriactividad,- realizar trabajos por cuenta propia por parte de trabajadores por cuenta ajena,- son actividades lícitas, teniendo el trabajador por cuenta ajena en el sector privado libertad para su realización.

No obstante, la ley exige al trabajador por cuenta ajena cumplir con las concretas obligaciones de su puesto de trabajo de conformidad con las reglas de la buena fe contractual (Arts. 5 d) del ET), estableciendo que el trabajador y el empresario se someterán en sus prestaciones recíprocas a las exigencias de la buena fe (Art. 20.2 del ET; SS.TC 90/1999, de 26 de mayo o 120/1983, de 15 de diciembre y STS de 19 de julio de 2010). El Art. 54 2.d) del ET, por su parte, sanciona con el despido disciplinario la transgresión de la buena fe contractual, lo que significa que el trabajador debe evitar por acción u omisión que la empresa sufra daños. Se trata, en el fondo, de la concreción laboral de lo dispuesto con carácter general en el Art. 1258 del Código Civil: "Los contratos se perfeccionan por el mero consentimiento, y desde entonces obligan, no sólo al cumplimiento de lo expresamente pactado, sino también a todas las consecuencias que, según su naturaleza, sean conformes a la buena fe, al uso y a la ley".

El deber de buena fe contractual del trabajador no debe confundirse con un "deber de lealtad o de fidelidad al interés empresarial" (SS.TC 1/1998 de 12 de enero o 90/1999, de 26 de mayo), tratándose más bien de que las obligaciones recíprocas de trabajador y empresario (ya que también el empresario está sometido al deber de buena fe contractual: Art. 20.2 del ET) "no se efectúen de una manera ilícita o abusiva con lesión o riesgo para los intereses de la otra parte, sino ajustándose a las reglas de la lealtad, probidad y mutua confianza" (STS de 19 de julio de 2010).

El deber de buena fe contractual exige al trabajador, entre otras cosas (STS de 19 de julio de 2010), las siguientes:

a) Abstenerse de recibir propinas, ventajas o regalos constitutivos de soborno en su trabajo para hacerle incumplir sus obligaciones contractuales, salvo que por convenio colectivo, contrato individual o costumbre local y profesional estuviesen admitidos.

b) No competir con el empresario, durante la vigencia del contrato y con posterioridad a su extinción.

4. LA PROHIBICIÓN DE COMPETENCIA CON EL EMPRESARIO

Los Arts. 5 d) y 21 del ET prohíben al trabajador concurrir con su empresario en los tres supuestos siguientes:

1º) Cuando se trate de una competencia desleal (Art. 21.1 del ET).

2º) Cuando exista un pacto de plena dedicación (Art. 21.1 y 3 del ET).

3º) Cuando exista un pacto de no competencia postcontractual (Art. 21.1 y 3 del ET).

5. LA PROHIBICIÓN DE COMPETENCIA DESLEAL

No existe un concepto legal de competencia desleal, limitándose la ley a prohibir al trabajador "efectuar la prestación laboral para diversos empresarios cuando se estime concurrencia desleal" (Art. 21.1 del ET), habiendo sido la jurisprudencia la que ha construido este concepto. Así:

a) La prohibición de concurrencia desleal alcanza tanto al trabajo por cuenta ajena como al trabajo por cuenta propia, ya que en ambos casos puede verse perjudicado el interés empresarial (por todas, SS.TS de 7 y 29 de marzo de 1990).

b) La ley no prohíbe el pluriempleo del trabajador sino la concurrencia desleal con su empresario. Esta se produce, en principio, cuando se trabaja en el mismo sector de actividad (SS. TS de 27 de octubre de 1982, e 26 de enero de 1988 o de 22 de octubre de 1990), cuando el trabajo desarrollado se haga en *"áreas competitivas, en tanto que dirigida a potencial clientela común, mediante la oferta de productos o servicios equivalentes"* (SS. TS de 22 de septiembre de 1988, de 22 de noviembre de 1990 o de 6 de marzo de 1991) o, en general, cuando se utilicen los conocimientos adquiridos en una empresa para favorecer la actividad de la empresa concurrente (SS.TS de 6 de marzo o de 22 de septiembre de 1991).

c) La actividad competitiva ha de ser habitual y no esporádica (SS.TS de 18 de octubre de 1988 o de 25 de junio de 1990).

d) La competencia desleal no exige que existan beneficios directos para el trabajador (STS de 30 de marzo de 1987), ni tampoco que existan perjuicios reales para la empresa, bastando con los potenciales que se presumen "iuris tantum" (SS.TS de 5 de octubre y 22 de octubre de 1990 o de 22 de marzo de 1991).

e) Los meros contactos o conversaciones no serían constitutivos de competencia desleal (STS de 17 de diciembre de 1990), si bien no sea necesario que el proyecto de competencia "se haya materializado con la puesta en marcha y funcionamiento de la nueva empresa" (SS.TS de 7 de octubre de 1987 o de 22 de marzo de 1991).

f) La prohibición de competencia desleal se mantiene durante las vacaciones del trabajador (STS de 30 de marzo de 1987) o en la situación de excedencia (STS de 3 de octubre de 1990), baja laboral (STS de 8 de julio de 1983) o de suspensión del contrato por sanción disciplinaria (STS de 14 de mayo de 1986).

g) La competencia desleal exige que el empresario no haya dado su consentimiento de forma expresa o tácita a que el trabajador trabaje en otra empresa (SS.TS de 5 de abril o de 28 de noviembre de 1990 o de 20 de marzo de 1991).

h) Por lo demás, los tribunales mantienen unánimemente que el Art. 35 de la CE, que reconoce el derecho al trabajo, no ampara la realización de actividades competitivas con el empresario (por todas, STS de 28 de noviembre de 1990).

6. EL PACTO DE PLENA DEDICACIÓN

En el contrato de trabajo es posible pactar la plena dedicación a la empresa mediante compensación económica (Art. 21.1 del ET). pese al equívoco término de "plena dedicación", la ley se está refiriendo a un pacto de "exclusiva dedicación" a la empresa, que impide trabajar durante su vigencia al trabajador tanto por cuenta propia como por cuenta ajena en otra empresa.

Este pacto no puede imponerse al trabajador por el empresario, exigiendo, como todo pacto, la voluntariedad de las partes. Por ello, si el trabajador no se aviene a pactarlo, el empresario no podrá obligarle ni despedirle o sancionarle por ello.

La ley no exige que se haga por escrito, si bien será lo normal para evitarse luego problemas de prueba de su existencia, por lo que resulta recomendable su formalización por escrito.

No existe un momento legalmente idóneo para el pacto, por lo que podrá realizarse tanto al iniciar la relación laboral como en un momento posterior durante la vigencia del contrato.

En cuanto a la duración del pacto de plena dedicación, la ley no fija plazo alguno, por lo que podrá ser temporal o indefinido, a voluntad de las partes.

La compensación económica, de naturaleza extrasalarial, será fijada por las partes, respetando en su caso lo dispuesto en convenio colectivo con carácter mínimo, mínimo que no fija la ley. Esta compensación económica podrá acumularse otras compensaciones de distinta naturaleza (jornada, horarios, turnos, vacaciones, etc.) si bien no podrá ser una alternativa a la compensación económica. La ley alude así a la posible existencia de "otros derechos vinculados a la plena dedicación" (Art. 21.3 del ET).

El trabajador podrá unilateralmente rescindir extrajudicialmente el pacto de plena dedicación y recuperar su libertad para trabajar en otro empleo en cualquier momento, bastando con comunicarlo al empresario por escrito con un preaviso de treinta días, perdiéndose la compensación económica u otros derechos vinculados a la plena dedicación (Art. 21.3 del ET). De incumplir el trabajador con esta obligación de preaviso, podrá ser despedido o sancionado disciplinariamente por transgresión de la buena fe contractual (STS de 21 de marzo de 1990), pudiendo el empresario exigir una indemnización de daños y perjuicios en la vía laboral (Art. 1101 del Código Civil). Probablemente, cuando el empresario hubiese incumplido su obligación de compensar económicamente al trabajador, éste podrá rescindir el pacto sin respetar el preaviso de treinta días.

El Tribunal decidirá a falta de pacto expreso sobre el particular, con criterios de proporcionalidad, la devolución de la compensación económica cuando esta se hubiera fijado a tanto alzado y no como cuantía periódica.

Por su parte, el empresario podrá rescindir el pacto de plena dedicación por el procedimiento de modificación sustancial de condiciones de trabajo del Art. 41 del ET.

7. LA PROHIBICIÓN DE COMPETENCIA POSTCONTRACTUAL

La prohibición de competencia después de extinguido el contrato ha de pactarse previamente entre empresario y trabajador (Art. 21.2 del ET).

El pacto de no competencia postcontractual se refiere tanto al trabajo por cuenta ajena como al trabajo por cuenta propia (STS de 18 de mayo de 1998). y nada impide pactar en un contrato temporal, dado que su normativa reguladora no lo impide expresamente (STSJ de Cataluña, de 12 de mayo de 1992).

La finalidad del pacto es evitar que el trabajador aproveche en propio beneficio o de un tercero y en perjuicio de la empresa los conocimientos o la clientela adquiridos y, al mismo tiempo, se asegure unos mínimos ingresos (STS de 29 de octubre de 1990).

La ley no concreta momento alguno, por lo que podrá realizarse en el momento de estipular el contrato, a lo largo de su vigencia o en el momento de su extinción (STS de 28 de junio de 1990).

La prohibición de competencia postcontractual existe, aunque el contrato hubiese finalizado por desistimiento del trabajador (STS de 14 de mayo de 2009) o del empresario (SS.TS de 6 de febrero o de 23 de noviembre de 2009) durante el periodo de prueba.

La ley no establece forma alguna, por lo que podrá ser escrito o verbal, si bien la forma no escrita podría plantear problemas de prueba, por lo que resulta recomendable la forma escrita (STS de 6 de marzo de 1991).

Su régimen jurídico legal es el siguiente (Art. 21.2 del ET):

a) El pacto no podrá tener una duración superior a dos años para los técnicos (en el sentido de "técnico titulado": STS de 28 de junio de 1990) y de seis meses para los demás trabajadores (Art. 21.2 del ET). Esta duración legal es la máxima posible, pudiendo desde luego pactarse una duración inferior (STS de 2 de enero de 1991).

b) El empresario debe tener un efectivo interés industrial o comercial en el pacto, interés que deberá probarse en el caso de discutirse la validez del pacto.

c) Deberá pactarse una compensación económica "adecuada", de naturaleza extrasalarial, como condición de validez del pacto (SS.TS de 6 de noviembre y 10 de julio de 1991). El incumplimiento por el empresario del abono de la compensación económica pactada libera al trabajador de su obligación de no competencia postcontractual y, acaso, con derecho a una indemnización de daños y perjuicios a su favor (por todas, STS de 24 de septiembre de 1990).

d) En la fijación de la compensación económica deberá existir una correlación entre su cuantía y la duración de la no competencia postcontractual (STS de 2 de enero de 1991).

e) El incumplimiento por el trabajador del pacto de no competencia postcontractual supondrá la pérdida y devolución de la compensación económica pactada (Art. 21.2 del ET; SS.TS de 3 de febrero de 1991 o de 30 de noviembre de 2009) y el abono al empresario de una indemnización por los daños y perjuicios, pudiendo desde luego fijarse en el pacto (STS de 5 de febrero de 1990) y, en su ausencia, cabrá exigirla sin perjuicio de las eventuales dificultades para cuantificar su importe (STS de 2 de enero de 1991).

f) La jurisdicción competente para la reclamación de indemnizaciones no abonadas por el empresario, una vez extinguido el contrato de trabajo será la social, habida cuenta del origen contractual de dichas indemnizaciones (STS de 4 de mayo de 2017).

8. LAS RESPONSABILIDADES EXIGIBLES EN CASO DE INCUMPLIMIENTO

El incumplimiento por el trabajador de la obligación de buena fe contractual, en cualquiera de sus manifestaciones, originará las siguientes responsabilidades:

a) Una responsabilidad laboral disciplinaria: despido o sanción disciplinario menor (Arts. 54.2 d) y 68 del ET).

b) Una responsabilidad contractual por los daños causados (Arts. 1.101 y ss. del Código Civil).

c) Una eventual responsabilidad penal: delitos de descubrimiento o de revelación de secretos de empresa (Arts. 278 y 279 del Código Penal).

III.2. El régimen de las incompatibilidades del trabajo por cuenta ajena en el sector público

9. LA NORMATIVA APLICABLE Y SU ÁMBITO DE APLICACIÓN

La normativa aplicable al régimen jurídico de las incompatibilidades en el trabajo por cuenta ajena de los empleados públicos se encuentra en la Ley 53/1984, de 26 de diciembre, de Incompatibilidades del personal al servicio de las Administraciones Públicas, desarrollada reglamentariamente por el RD 598/1985, de 30 de abril.

Las normas establecidas por esta Ley se considerarán bases del régimen estatutario de la función pública, dictadas al amparo del Art. 149.1.18 de la CE, a excepción de las contenidas en los preceptos siguientes: Art. 17.1, disposición adicional quinta y disposición transitoria séptima (Disposición final primera).

10. EL ÁMBITO DE APLICACIÓN DE LA LEY DE INCOMPATIBILIDADES

El personal comprendido en el ámbito de aplicación de esta Ley es el siguiente (Art. 2.1):

a) El personal civil y militar al servicio de la Administración del Estado y de sus Organismos Públicos.

b) El personal al servicio de las Administraciones de las Comunidades Autónomas y de los Organismos de ellas dependientes, así como de sus Asambleas Legislativas y órganos institucionales.

c) El personal al servicio de las Corporaciones Locales y de los Organismos de ellas dependientes.

d) El personal al servicio de Entes y Organismos públicos exceptuados de la aplicación de la Ley de Entidades Estatales Autónomas.

e) El personal que desempeñe funciones públicas y perciba sus retribuciones mediante arancel.

f) El personal al servicio de la Seguridad Social, de sus Entidades Gestoras y de cualquier otra Entidad u Organismo de la misma.

g) El personal al servicio de entidades, corporaciones de derecho público, fundaciones y consorcios cuyos presupuestos se doten ordinariamente en más de un 50 por cien con subvenciones u otros ingresos procedentes de las Administraciones Públicas.

h) El personal que preste servicios en Empresas en que la participación del capital, directa o indirectamente, de las Administraciones Públicas sea superior al 50 por 100.

i) El personal al servicio del Banco de España y de las instituciones financieras públicas.

j) El restante personal al que resulte de aplicación el régimen estatutario de los funcionarios públicos.

En el ámbito de aplicación de la Ley se entenderá incluido todo el personal, cualquiera que sea la naturaleza jurídica de la relación de empleo. Así pues, tanto los funcionarios públicos y el personal estatutario como el personal laboral del sector público (Art. 2.2).

Quedan exceptuadas del régimen de incompatibilidades de la Ley las actividades siguientes (Art. 19):

a) Las derivadas de la Administración del patrimonio personal o familiar, sin perjuicio de lo dispuesto en el Art. 12 de la Ley (ver *infra*).

b) La dirección de seminarios o el dictado de cursos o conferencias en Centros oficiales destinados a la formación de funcionarios o profesorado, cuando no tenga carácter permanente o habitual ni supongan más de setenta y cinco horas al año, así como la preparación para el acceso a la función pública en los casos y forma que reglamentariamente se determine.

c) La participación en Tribunales calificadores de pruebas selectivas para ingreso en las Administraciones Públicas.

d) La participación del personal docente en exámenes, pruebas o evaluaciones distintas de las que habitualmente les correspondan, en la forma reglamentariamente establecida.

e) El ejercicio del cargo de Presidente, Vocal o miembro de Juntas rectoras de Mutualidades o Patronatos de Funcionarios, siempre que no sea retribuido.

f) La producción y creación literaria, artística, científica y técnica, así como las publicaciones derivadas de aquéllas, siempre que no se originen como consecuencia de una relación de empleo o de prestación de servicios.

g) La participación ocasional en coloquios y programas en cualquier medio de comunicación social; y

h) La colaboración y la asistencia ocasional a Congresos, seminarios, conferencias o cursos de carácter profesional.

11. LAS INCOMPATIBILIDADES CON EL DESEMPEÑO DE OTRAS ACTIVIDADES EN EL SECTOR PÚBLICO

El alcance objetivo de las incompatibilidades con el desempeño de otras actividades en el sector público viene a ser el siguiente:

1°) El personal comprendido en el ámbito de aplicación de la Ley no podrá compatibilizar sus actividades con el desempeño, por sí o mediante sustitución, de un segundo puesto de trabajo, cargo o actividad en el sector público, salvo en los supuestos previstos en la misma.

A los efectos de esta Ley se considerará *"actividad en el sector público"* la desarrollada por los miembros electivos de las Asambleas Legislativas de las Comunidades Autónomas y de las Corporaciones Locales, por los altos cargos y restante personal de los órganos constitucionales y de todas las Administraciones Públicas, incluida la Administración de Justicia, y de los Entes, Organismo y Empresas de ellas dependientes, entendiéndose comprendidas las Entidades colaboradoras y las concertadas de la Seguridad Social en la prestación sanitaria (Art. 1.1).

2º) No se podrá percibir, salvo en los supuestos previstos en la Ley, más de una remuneración con cargo a los presupuestos de las Administraciones Públicas y de los Entes, Organismos y Empresas de ellas dependientes o con cargo a los de los órganos constitucionales, o que resulte de la aplicación de arancel ni ejercer opción por percepciones correspondiente a puestos incompatibles.

A los efectos anteriores, se entenderá por *"remuneración"* cualquier derecho de contenido económico derivado, directa o indirectamente, de una prestación o servicio personal, sea su cuantía fija o variable y su devengo periódico u ocasional (Art. 1.2).

3º) En cualquier caso, el desempeño de un puesto de trabajo por el personal incluido en el ámbito de aplicación de esta Ley será incompatible con el ejercicio de cualquier cargo, profesión o actividad pública que pueda impedir o menoscabar el estricto cumplimiento de sus deberes o comprometer su imparcialidad o independencia (Art. 1.3).

12. LAS EXCEPCIONES AL RÉGIMEN LEGAL DE INCOMPATIBILIDADES

El personal comprendido en el ámbito de aplicación de la Ley sólo podrá desempeñar un segundo puesto de trabajo o actividad en el sector público:

1º) En los supuestos previstos para las funciones docente[1] y sani taria[2] (Art. 3.1).

---

[1] **Art. 4:** *"1. Podrá autorizarse la compatibilidad, cumplidas las restantes exigencias de esta ley, para el desempeño de un puesto de trabajo en la esfera docente como Profesor universitario asociado en régimen de dedicación no superior a la de tiempo parcial.*
2. Al personal docente e investigador de la Universidad podrá autorizarse, cumplidas las restantes exigencias de esta ley, la compatibilidad para el desempeño de un segundo puesto de trabajo en el sector público sanitario o de carácter exclusivamente investigador en centros de investigación del sector público, incluyendo el ejercicio de funciones de dirección científica dentro de un centro o estructura de investigación, dentro del área de especialidad de su departamento universitario, y siempre que los

dos puestos vengan reglamentariamente autorizados como de prestación a tiempo parcial.
Recíprocamente, a quienes desempeñen uno de los definidos como segundo puesto en el párrafo anterior, podrá autorizarse la compatibilidad para desempeñar uno de los puestos docentes universitarios a que se hace referencia.
Asimismo, a los Profesores titulares de Escuelas Universitarias de Enfermería podrá autorizarse la compatibilidad para el desempeño de un segundo puesto de trabajo en el sector sanitario en los términos y condiciones indicados en los párrafos anteriores.
Igualmente, podrá autorizarse la compatibilidad para el desempeño de un segundo puesto de trabajo o actividad a tiempo parcial en el sector público cultural, cumplidas las restantes exigencias de esta ley, salvo la prohibición establecida en el Art. 16.1, al personal funcionario y laboral de las administraciones locales de las enseñanzas establecidas en el Art. 45 de la Ley Orgánica 2/2006, de 3 de mayo, de Educación y al profesorado perteneciente a los Cuerpos de Catedráticos y Catedráticas y Profesores y Profesoras de Enseñanzas Artísticas Profesionales o de Enseñanzas Artísticas Superiores que preste servicio en los centros públicos que impartan dichas enseñanzas.
3. La dedicación del profesorado universitario será en todo caso compatible con la realización de los trabajos a que se refiere el Art. 11 de la Ley de Reforma Universitaria, en los términos previstos en la misma.
4. Asimismo, podrá autorizarse al profesorado de los Cuerpos de Catedráticos y Profesores de Enseñanza Secundaria, al de Profesores Especialistas en Sectores Singulares de Formación Profesional, al del Cuerpo a extinguir de Profesores Técnicos de Formación Profesional, así como al restante profesorado de formación profesional, sin perjuicio de lo establecido en el Art. 95 de la Ley Orgánica 2/2006 de 3 de mayo, de Educación, la compatibilidad para el desempeño de sus funciones, a tiempo parcial y cumpliendo las restantes exigencias de esta Ley, salvo la prohibición establecida en el Art. 16.1, en los centros de titularidad pública con oferta integrada, impartiendo todas las modalidades del sistema de formación profesional de conformidad con su perfil académico y profesional, y siempre que reúnan los requisitos para impartir los módulos incluidos en los títulos, cursos de especialización, certificados profesionales, certificados de competencia y acreditaciones parciales de competencia correspondientes, así como en acciones formativas de las otras modalidades del ámbito del sistema de la formación profesional".

2 **Disposición adicional cuarta.**
"1. Los órganos de la Administración del Estado que reglamentariamente se señalen y los de gobierno de las Comunidades Autónomas podrán determinar, con carácter general, en el ámbito de su competencia, los puestos de trabajo del sector público sanitario susceptibles de prestación a tiempo parcial, en tanto se proceda a la regulación de esta materia por norma con rango de Ley.
2. En tanto se dicta la norma aludida, la dirección de los distintos Centros hospitalarios se desempeñará en régimen de plena dedicación, sin posibilidad de simultanear esta función con alguna otra de carácter público o privado.

2°) Excepcionalmente, el personal podrá compatibilizar sus actividades con el desempeño de los cargos electivos siguientes (Art. 5):

- Miembros de las Asambleas Legislativas de las Comunidades Autónomas, salvo que perciban retribuciones periódicas por el desempeño de la función o que por las mismas se establezca la incompatibilidad.
- Miembros de las Corporaciones locales, salvo que desempeñen en las mismas cargos retribuidos en régimen de dedicación exclusiva.

En estos casos sólo podrá percibirse la retribución correspondiente a una de las dos actividades, sin perjuicio de las dietas, indemnizaciones o asistencias que correspondan por la otra. No obstante, en

---

3. Los órganos a que se refiere el apartado 1 podrán determinar, asimismo, con carácter general y en el ámbito de su competencia, los puestos de carácter exclusivamente investigador de los Centros públicos de investigación susceptibles de prestación a tiempo parcial".

Disposición transitoria cuarta.

"En tanto se establece la regulación de los hospitales universitarios, la actividad docente de los Catedráticos y Profesores de Facultades de Medicina y Farmacia y de Escuelas Universitarias de Enfermería no precisarán autorización de compatibilidad para su complementaria actividad asistencial en los centros hospitalarios de la Universidad o concertados con la misma, pudiendo desempeñar dichas actividades, en su conjunto, en régimen de dedicación completa o a tiempo parcial".

Disposición transitoria quinta.

"Los funcionarios de los Cuerpos Especiales al servicio de la Sanidad Local que deban prestar asistencia sanitaria a los beneficiarios de la Seguridad Social, en las condiciones legalmente establecidas, continuarán prestando las mismas funciones y devengando las remuneraciones que figuran en los Presupuestos del Estado y de la Seguridad Social, en tanto se reestructuran los Cuerpos o funciones aludidos, si bien una remuneración lo será en concepto de sueldo y la otra como gratificación, a cuyo efecto deberán formular los afectados la oportuna opción en los términos que reglamentariamente se determinen.

En todo caso se les garantizará, a título personal, hasta el 30 de septiembre de 1985, el importe de la media mensual de las retribuciones percibidas en los dos puestos en los doce meses anteriores a la entrada en vigor de esta Ley".

Disposición transitoria sexta.

"Lo previsto en el Art. 12.2 de esta Ley no será de aplicación a los Farmacéuticos titulares obligados a tener oficina de farmacia abierta en la propia localidad en que ejercen su función".

los supuestos de miembros de las Corporaciones locales en la situación de dedicación parcial a que hace referencia el Art. 75.2 de la Ley 7/1985, de 2 de abril, Reguladora de las Bases del Régimen Local, se podrán percibir retribuciones por tal dedicación, siempre que la desempeñen fuera de su jornada de trabajo en la Administración, y sin superar en ningún caso los límites que con carácter general se establezcan, en su caso. La Administración en la que preste sus servicios un miembro de una Corporación local en régimen de dedicación parcial y esta última deberán comunicarse recíprocamente su jornada en cada una de ellas y las retribuciones que perciban, así como cualquier modificación que se produzca en ellas.

3º) En los casos que, por razón de interés público, se determine por el Consejo de ministros, mediante Real Decreto, u órgano de gobierno de la Comunidad Autónoma, en el ámbito de sus respectivas competencias (At. 3.1).

En este supuesto la actividad sólo podrá prestarse en régimen laboral, a tiempo parcial y con duración determinada, en las condiciones establecidas por la legislación laboral.

4º) Excepcionalmente podrá autorizarse al personal incluido en el ámbito de la ley compatibilidad para el ejercicio de actividades de investigación de carácter no permanente, o de asesoramiento científico o técnico en supuestos concretos, que no correspondan a las funciones del personal adscrito a las respectivas Administraciones Públicas (Art. 6).

Dicha excepción se acreditará por la asignación del encargo en concurso público, o por requerir especiales calificaciones que sólo ostenten personas afectadas por el ámbito de aplicación de esta ley.

El personal investigador al servicio de los Organismos Públicos de Investigación, de las Universidades públicas y de otras entidades de investigación dependientes de las Administraciones Públicas, podrá ser autorizado a prestar servicios en sociedades creadas o participadas por los mismos en los términos establecidos en esta ley y en la Ley 14/2011, de 1 de junio, de la Ciencia, la Tecnología y la Innovación, por el Ministerio de la Presidencia o por los órganos competentes de las Universidades públicas o de las Administraciones Públicas (Art. 6.2).

13. LA EXIGENCIA DE AUTORIZACIÓN PARA LA COMPATIBILIDAD CON UN SEGUNDO PUESTO O ACTIVIDAD EN EL SECTOR PÚBLICO

En todos los supuestos excepcionales anteriores de compatibilidad con el desempeño de un segundo puesto o actividad en el sector público será indispensable la previa y expresa autorización de compatibilidad, que no supondrá modificación de la jornada de trabajo y horario de los dos puestos y que se condiciona a su estricto cumplimiento en ambos. En todo caso, la autorización de compatibilidad se efectuará en razón del interés público (Art. 3.2).

La autorización o denegación de compatibilidad para un segundo puesto o actividad del sector público corresponde al Ministerio de la Presidencia, a propuesta de la Subsecretaría del Departamento correspondiente, al órgano competente de la Comunidad Autónoma o al Pleno de la Corporación Local a que figure adscrito el puesto principal, previo informe, en su caso, de los Directores de los Organismos, Entes y Empresas públicas (Art. 9).

Dicha autorización requiere además el previo informe favorable del órgano competente de la Comunidad Autónoma o Pleno de la Corporación Local, conforme a la adscripción del segundo puesto. Si los dos puestos correspondieran a la Administración del Estado, emitirá este informe la Subsecretaría del Departamento al que corresponda el segundo puesto (Art.9).

14. LOS LÍMITES RETRIBUTIVOS A LAS AUTORIZACIONES DE COMPATIBILIDAD CON UN SEGUNDO PUESTO O ACTIVIDAD EN EL SECTOR PÚBLICO

Será requisito necesario para autorizar la compatibilidad de actividades públicas el que la cantidad total percibida por ambos puestos o actividades no supere la remuneración prevista en los Presupuestos Generales del Estado para el cargo de Director General, ni supere la correspondiente al principal, estimada en régimen de dedicación ordinaria, incrementada en (Art. 7.1):

- Un 30 por 100, para los funcionarios del grupo A o personal de nivel equivalente.
- Un 35 por 100, para los funcionarios del grupo B o personal de nivel equivalente.
- Un 40 por 100, para los funcionarios del grupo C o personal de nivel equivalente.
- Un 45 por 100, para los funcionarios del grupo D o personal equivalente.
- Un 50 por 100, para los funcionarios del grupo E o personal equivalente.

La superación de estos límites, en cómputo anual, requiere en cada caso acuerdo expreso del Gobierno, órgano competente de las Comunidades Autónomas o Pleno de las Corporaciones Locales en base a razones de especial interés para el servicio.

Los servicios prestados en el segundo puesto o actividad no se computarán a efectos de trienios ni de derechos pasivos, pudiendo suspenderse la cotización a este último efecto. Las pagas extraordinarias, así como las prestaciones de carácter familiar, sólo podrán percibirse por uno de los puestos, cualquiera que sea su naturaleza (Art. 7.2).

El personal incluido en el ámbito de aplicación de la Ley que en representación del sector público pertenezca a Consejos de Administración u órganos de gobierno de Entidades o Empresas públicas o privadas, sólo podrá percibir las dietas o indemnizaciones que correspondan por su asistencia a los mismos, ajustándose en su cuantía al régimen general previsto para las Administraciones Públicas. Las cantidades devengadas por cualquier otro concepto serán ingresadas directamente por la Entidad o Empresa en la Tesorería pública que corresponda (Art. 8).

No se podrá pertenecer a más de dos Consejos de Administración u órganos de gobierno a que se refiere el apartado anterior, salvo que excepcionalmente se autorice para supuestos concretos mediante acuerdo del Gobierno, órgano competente de la Comunidad Autónoma o Pleno de la Corporación Local correspondiente (Art. 8).

15. EL DERECHO DE OPCIÓN ENTRE DOS ACTIVIDADES PÚBLICAS INCOMPATIBLES

Quienes accedan por cualquier título a un nuevo puesto del sector público que con arreglo a la Ley resulte incompatible con el que vinieran desempeñando habrán de optar por uno de ellos dentro del plazo de toma de posesión. A falta de opción en el plazo señalado se entenderá que optan por el nuevo puesto, pasando a la situación de excedencia voluntaria en los que vinieran desempeñando (Art. 10).

Si se tratara de puestos susceptibles de compatibilidad, previa autorización, deberán instarla en los diez primeros días del aludido plazo de toma de posesión, entendiéndose éste prorrogado en tanto recae resolución (Art. 10).

16. LAS INCOMPATIBILIDADES CON EL DESEMPEÑO DE OTRAS ACTIVIDADES EN EL SECTOR PRIVADO

El alcance objetivo de las incompatibilidades con el desempeño de otras actividades en el sector privado viene a ser el siguiente:

1°) El personal comprendido en el ámbito de aplicación de esta Ley no podrá ejercer, por sí o mediante sustitución, actividades privadas, incluidas las de carácter profesional, sean por cuenta propia o bajo la dependencia o al servicio de Entidades o particulares que se relacionen directamente con las que desarrolle el Departamento, Organismo o Entidad donde estuviera destinado (Art. 11).

Se exceptúan de dicha prohibición las actividades particulares que, en ejercicio de un derecho legalmente reconocido, realicen para sí los directamente interesados (Art. 10.1).

El Gobierno, por Real Decreto, podrá determinar, con carácter general, las funciones, puestos o colectivos del sector público, incompatibles con determinadas profesiones o actividades privadas, que puedan comprometer la imparcialidad independencia del personal de que se trate, impedir o menoscabar el estricto cumplimiento de sus deberes o perjudicar los intereses generales (Art. 10.2).

2º) En todo caso, el personal comprendido en el ámbito de aplicación de esta Ley no podrá ejercer las actividades siguientes (Art. 12):

a) El desempeño de actividades privadas, incluidas las de carácter profesional, sea por cuenta propia o bajo la dependencia o al servicio de Entidades o particulares, en los asuntos en que esté interviniendo, haya intervenido en los dos últimos años o tenga que intervenir por razón del puesto público. Se incluyen en especial en esta incompatibilidad las actividades profesionales prestadas a personas a quienes se esté obligado a atender en el desempeño del puesto público.

b) La pertenencia a Consejos de Administración u órganos rectores de Empresas o Entidades privadas, siempre que la actividad de las mismas esté directamente relacionada con las que gestione el Departamento, Organismo o Entidad en que preste sus servicios el personal afectado.

c) El desempeño, por sí o por persona interpuesta, de cargos de todo orden en Empresas o Sociedades concesionarias, contratistas de obras, servicios o suministros, arrendatarias o administradoras de monopolios, o con participación o aval del sector público, cualquiera que sea la configuración jurídica de aquéllas.

d) La participación superior al 10 por 100 en el capital de las Empresas o Sociedades a que se refiere el párrafo anterior.

e) Las actividades privadas que correspondan a puestos de trabajo que requieran la presencia efectiva del interesado durante un horario igual o superior a la mitad de la jornada semanal ordinaria de trabajo en las Administraciones Públicas sólo podrán autorizarse cuando la actividad pública sea una de las enunciadas en esta Ley como de prestación a tiempo parcial (Art. 12.2).

f) No podrá reconocerse compatibilidad alguna para actividades privadas a quienes se les hubiere autorizado la compatibilidad para un segundo puesto o actividad públicos, siempre que la suma de jornadas de ambos sea igual o superior a la máxima en las Administraciones Públicas (Art. 13).

3°) En cualquier caso, el desempeño de un puesto de trabajo por el personal incluido en el ámbito de aplicación de esta Ley será incompatible con el ejercicio de cualquier cargo, profesión o actividad privada que pueda impedir o menoscabar el estricto cumplimiento de sus deberes o comprometer su imparcialidad o independencia (Art. 1.3).

17. LA EXIGENCIA LEGAL DEL PREVIO RECONOCIMIENTO DE LA COMPATIBILIDAD

El ejercicio de actividades profesionales, laborales, mercantiles o industriales fuera de las Administraciones Públicas requerirá el previo reconocimiento de compatibilidad (Art. 14).

La resolución motivada reconociendo la compatibilidad o declarando la incompatibilidad, que se dictará en el plazo de dos meses, corresponde al Ministerio de la Presidencia, a propuesta del Subsecretario del Departamento correspondiente; al órgano competente de la Comunidad Autónoma o al Pleno de la Corporación Local, previo informe, en su caso, de los Directores de los Organismos, Entes y Empresas públicas.

Los reconocimientos de compatibilidad no podrán modificar la jornada de trabajo y horario del interesado y quedarán automáticamente sin efecto en caso de cambio de puesto en el sector público.

Quienes se hallen autorizados para el desempeño de un segundo puesto o actividad públicos deberán instar el reconocimiento de compatibilidad con ambos.

18. LA PROHIBICIÓN DE LA INVOCACIÓN DE LA CONDICIÓN PÚBLICA PARA EL EJERCICIO DE ACTIVIDAD MERCANTIL, INDUSTRIAL O PROFESIONAL

El personal a que se refiere esta Ley no podrá invocar o hacer uso de su condición pública para el ejercicio de actividad mercantil, industrial o profesional (Art. 15).

19. LA PROHIBICIÓN LEGAL DEL RECONOCIMIENTO DE COMPATIBILIDAD CON ACTIVIDADES PÚBLICAS O PRIVADAS CUANDO EXISTA UNA RETRIBUCIÓN COMPLEMENTARIA INCOMPATIBLE (ART. 16)

No podrá autorizarse o reconocerse compatibilidad al personal funcionario, al personal eventual y al personal laboral cuando las retribuciones complementarias que tengan derecho a percibir del del Art. 24 b) del EBEP incluyan el factor de incompatibilidad al retribuido por arancel y al personal directivo, incluido el sujeto a la relación laboral de carácter especial de alta dirección.

A los efectos anteriores, la dedicación del profesorado universitario a tiempo completo tiene la consideración de especial dedicación.

Se exceptúan de la prohibición las autorizaciones de compatibilidad para ejercer como Profesor universitario asociado en los términos del apartado 1 del Art. 4. 1, así como para realizar las actividades de investigación o asesoramiento a que se refiere el Art. 6 de la Ley, salvo para el personal docente universitario a tiempo completo.

Asimismo, por excepción y sin perjuicio de las limitaciones establecidas en los Arts. 1.3, 11, 12 y 13 de la Ley (ver *supra*), podrá reconocerse compatibilidad para el ejercicio de actividades privadas al personal que desempeñe puestos de trabajo que comporten la percepción de complementos específicos, o concepto equiparable, cuya cuantía no supere el 30 por 100 de su retribución básica, excluidos los conceptos que tengan su origen en la antigüedad.

20. LAS RESPONSABILIDADES EXIGIBLES EN CASO DE INCUMPLIMIENTO

El incumplimiento de lo dispuesto en la Ley de incompatibilidades será sancionado conforme al régimen disciplinario de aplicación, sin perjuicio de la ejecutividad de la incompatibilidad en que se haya incurrido (Art. 20.1).

El ejercicio de cualquier actividad compatible no servirá de excusa al deber de residencia, a la asistencia al lugar de trabajo que requiera su puesto o cargo, ni al atraso, negligencia o descuido en el desempeño de los mismos. Las correspondientes faltas serán calificadas y sancionadas conforme a las normas que se contengan en el régimen disciplinario aplicable, quedando automáticamente revocada la autorización o reconocimiento de compatibilidad si en la resolución correspondiente se califica de falta grave o muy grave (Art. 20.2).

Los órganos a los que competa la dirección, inspección o jefatura de los diversos servicios cuidarán bajo su responsabilidad de prevenir o corregir, en su caso, las incompatibilidades en que pueda incurrir el personal. Corresponde a la Inspección General de Servicios de la Administración Pública, además de su posible intervención directa, la coordinación e impulso de la actuación de los órganos de inspección mencionados en materia de incompatibilidades, dentro del ámbito de la Administración del Estado, sin perjuicio de una recíproca y adecuada colaboración con las inspecciones o unidades de personal correspondiente de las Comunidades Autónomas y de las Corporaciones locales (Art. 20.3).

21. EL RÉGIMEN DE LAS INCOMPATIBILIDADES DE LOS CUERPOS Y FUERZAS DE SEGURIDAD Y DE LA GUARDIA CIVIL

La pertenencia a una Fuerza y Cuerpo de Seguridad (dependiente del Gobierno de la Nación, de las Comunidades Autónomas o de las Corporaciones Locales) o a la Guardia Civil es causa de incompatibilidad para el desempeño de cualquier otra actividad pública o privada, salvo aquellas actividades exceptuadas de la legislación sobre incompatibilidades, según lo previsto en el Art. 6.7 de la Ley Orgánica 2/1986, de 13 de marzo, de Fuerzas y Cuerpos de Seguridad, referido a aquellas actividades exceptuadas de la legislación sobre incompatibilidades (ver *supra,* párrafos 12 y 16) (Art. 94 de la Ley 42/1999, de 15 de noviembre, de Régimen del personal del Cuerpo de la Guardia Civil).

22. EL RÉGIMEN DE LAS INCOMPATIBILIDADES DE LOS DIPUTADOS Y SENADORES

El régimen de incompatibilidades del personal incluido en el ámbito de aplicación de esta Ley que tenga la condición de Diputado o Senador de las Cortes Generales será el establecido en la futura Ley Electoral, siendo de aplicación entre tanto el régimen vigente en la actualidad (Disposición adicional quinta de la Ley 53/1984).

La Ley Orgánica 5/1985, de 19 de junio, del Régimen Electoral General, actualmente vigente, regula el régimen de incompatibilidades de los Diputados y Senadores en los Arts. 155 a 160. Así:

a) Los Senadores y Diputados son incompatibles con las siguientes actividades públicas (Art. 155):

   - La Presidencia de la Comisión Nacional de la Competencia,
   - Ser miembro del Consejo de Administración de la Corporación de Radio Televisión Española o del Gabinete de la Presidencia del Gobierno o de cualquiera de los Ministerios y de los Secretarios de Estado.
   - Ser Presidente o Delegado del Gobierno en Autoridades Portuarias, Confederaciones Hidrográficas, Sociedades Concesionarias de Autopistas de Peaje y en los Consejos de Administración.
   - Ser Consejero, Administrador, Director general, Gerente o cargo equivalente de entes públicos, monopolios estatales y empresas con participación pública mayoritaria, directa

o indirecta, cualquiera que sea su forma, y de las Cajas de Ahorro de fundación pública.

- Las causas de inelegibilidad de los Diputados y Senadores lo son también de incompatibilidad: quienes incurran en alguno de los supuestos enumerados en el Art. 6 de la Ley Electoral[3], quienes ejerzan funciones o cargos conferidos y remunerados por un Estado extranjero y los Presidentes y

---

3 **Artículo sexto**

1. Son elegibles los españoles mayores de edad, que poseyendo la cualidad de elector, no se encuentren incursos en alguna de las siguientes causas de inelegibilidad:

a) Los miembros de la Familia Real Española incluidos en el Registro Civil que regula el Real Decreto 2917/1981, de 27 de noviembre, así como sus cónyuges.

b) Los Presidentes del Tribunal Constitucional, del Tribunal Supremo, del Consejo de Estado, del Tribunal de Cuentas, y del Consejo a que hace referencia el artículo 131.2 de la Constitución.

c) Los Magistrados del Tribunal Constitucional, los Vocales del Consejo General del Poder Judicial, los Consejeros Permanentes del Consejo de Estado y los Consejeros del Tribunal de Cuentas.

d) El Defensor del Pueblo y sus Adjuntos.

e) El Fiscal General del Estado.

) Los Subsecretarios, Secretarios generales, Directores generales de los Departamentos Ministeriales y los equiparados a ellos; en particular los Directores de los Departamentos del Gabinete de la Presidencia de Gobierno y los Directores de los Gabinetes de los Ministros y de los Secretarios de Estado.

g) Los Jefes de Misión acreditados, con carácter de residentes, ante un Estado extranjero u organismo internacional.

h) Los Magistrados, Jueces y Fiscales que se hallen en situación de activo.

i) Los militares profesionales y de complemento y miembros de las Fuerzas y Cuerpos de Seguridad y Policía, en activo.

j) Los Presidentes, Vocales y Secretarios de las Juntas Electorales.

k) Los Delegados del Gobierno en las Comunidades Autónomas y los Subdelegados del Gobierno y las autoridades similares con distinta competencia territorial.

l) El Presidente de la Corporación de Radio Televisión Española y las sociedades que la integran.

m) Los Presidentes, Directores y cargos asimilados de las entidades estatales autónomas con competencia en todo el territorio nacional, así como los Delegados del Gobierno en las mismas.

miembros de los Consejos de Gobierno de las Comunidades Autónomas, así como los cargos de libre designación de dichos Consejos y los miembros de las Instituciones Autonómicas que por mandato estatutario o legal deban ser elegidos por la Asamblea Legislativa correspondiente.

– Nadie puede presentarse simultáneamente como candidato al Congreso de los Diputados y al Senado ni acumular el

---

n) Los Presidentes y Directores generales de las Entidades Gestoras de la Seguridad Social con competencia en todo el territorio nacional.

ñ) El Director de la Oficina del Censo Electoral.

o) El Gobernador y Subgobernador del Banco de España y los Presidentes y Directores del Instituto de Crédito Oficial y de las demás Entidades oficiales de crédito.

p) El Presidente, los Consejeros y el Secretario general del Consejo General de Seguridad Nuclear.

2. Son inelegibles:

a) Los condenados por sentencia firme, a pena privativa de libertad, en el período que dure la pena.

b) Los condenados por sentencia, aunque no sea firme, por delitos de rebelión, de terrorismo, contra la Administración Pública o contra las Instituciones del Estado cuando la misma haya establecido la pena de inhabilitación para el ejercicio del derecho de sufragio pasivo o la de inhabilitación absoluta o especial o de suspensión para empleo o cargo público en los términos previstos en la legislación penal.

3. Durante su mandato no serán elegibles por las circunscripciones electorales comprendidas en todo o en parte en el ámbito territorial de su jurisdicción:

a) Quien ejerza la función de mayor nivel de cada Ministerio en las distintas demarcaciones territoriales de ámbito inferior al estatal.

b) Los Presidentes, Directores y cargos asimilados de Entidades Autónomas de competencia territorial limitada, así como los Delegados del Gobierno en las mismas.

c) Los Delegados territoriales de RTVE y los Directores de las Entidades de Radiotelevisión dependientes de las Comunidades Autónomas.

d) Los Presidentes y Directores de los órganos periféricos de las Entidades Gestoras de la Seguridad Social.

e) Los Secretarios generales de las Delegaciones y Subdelegaciones del Gobierno.

f) Los Delegados provinciales de la Oficina del Censo Electoral.

acta de una Asamblea de Comunidad Autónoma con la de Diputado al Congreso.

- Los Senadores designados por las Comunidades Autónomas, sean o no simultáneamente miembros de las Asambleas Legislativas de éstas sólo podrán desempeñar aquellas actividades que como Senadores les estén expresamente autorizadas en la Constitución y en esta Ley cualquiera que fuese el régimen que les pudiera corresponder por virtud de su designación por la Comunidad Autónoma y sólo podrán percibir la remuneración que les corresponda como Senadores, salvo que opten expresamente por la que hubieran de percibir, en su caso, como parlamentarios autonómicos.
- El mandato de los Diputados y Senadores será incompatible con el desempeño, por sí o mediante sustitución, de cualquier otro puesto, profesión o actividad, públicos o privados, por cuenta propia o ajena, retribuidos mediante sueldo, salario, arancel, honorarios o cualquier otra forma. En caso de reproducirse el pase a la situación administrativa o laboral que corresponda en aquéllos, deberá garantizarse la reserva de puesto o plaza y de destino, en las condiciones que determinen las normas específicas de aplicación.

  El régimen de dedicación absoluta y de incompatibilidades previsto en esta Ley será aplicable sin que en ningún caso se pueda optar por percepciones o remuneraciones correspondientes a puestos o cargos incompatibles.

  En particular, la condición de Diputado y Senador es incompatible con el ejercicio de la Función Pública y con el desempeño de cualquier otro puesto que figure al servicio o en los Presupuestos de los órganos constitucionales, de las Administraciones Públicas, sus organismos y entes públicos, empresas con participación pública directa o indirecta, mayoritaria, o con cualquier actividad por cuenta directa o indirecta de los mismos.
- En cualquier caso, los Diputados y Senadores no podrán percibir más de una remuneración con cargo a los Presu-

puestos de los Órganos Constitucionales o de las Administraciones Públicas, sus organismos autónomos, entes públicos y empresas con participación pública directa o indirecta, mayoritaria, ni optar por percepciones correspondientes a puestos incompatibles, sin perjuicio de las dietas e indemnizaciones que en cada caso corresponda por los compatibles. En particular, los Diputados y Senadores no pueden percibir pensiones de derechos pasivos o de cualquier régimen de Seguridad Social público y obligatorio. El derecho al devengo por dichas pensiones se recuperará automáticamente desde el mismo momento de extinción de la condición de Diputado o Senador (Art. 158).

b) Se exceptúan del régimen de incompatibilidades las siguientes situaciones:

- Los parlamentarios que reúnan la condición de Profesores Universitarios podrán colaborar, en el seno de la propia Universidad, en actividades de docencia o investigación de carácter extraordinario, que no afecten a la dirección y control de los servicios, pudiendo sólo percibir por tales actividades las indemnizaciones reglamentarias establecidas (Art. 157.4).

- Los Diputados y Senadores únicamente podrán formar parte de los órganos colegiados de dirección o Consejos de Administración de Organismos, entes públicos o empresas con participación pública, mayoritaria, directa o indirecta, cuando su elección corresponda a las respectivas Cámaras, a las Cortes Generales o a las Asambleas Legislativas de las Comunidades Autónomas, pero sólo percibirán las dietas o indemnizaciones que les correspondan y que se acomoden al régimen general previsto para la Administración Pública y las cantidades devengadas y que no deban ser percibidas serán ingresadas directamente por el Organismo, ente o empresa en el Tesoro Público. En ningún caso se podrá pertenecer a más de dos órganos colegiados de dirección o Consejos de Administración (Art. 156).

c) Los Senadores y Diputados son incompatibles con el desempeño de actividades privadas (Arts. 157.1 y 159.1) y, en articular, con la realización de las conductas siguientes (Art. 159.2):

- Las actividades de gestión, defensa, dirección o asesoramiento ante cualesquiera Organismos o Empresas del sector público estatal, autonómico o local, respecto de asuntos que hayan de resolverse por ellos, que afecten directamente a la realización de algún servicio público o que estén encaminados a la obtención de subvenciones o avales públicos. Se exceptúan las actividades particulares que, en ejercicio de un derecho reconocido, realicen los directamente interesados, así como las subvenciones o avales cuya concesión se derive de la aplicación automática de lo dispuesto en una Ley o Reglamento de carácter general.

- La actividad de contratista o fiador de obras, servicios, suministros y, en general, cualesquiera contratos que se paguen con fondos de Organismos o Empresas del sector público estatal, autonómico o local o el desempeño de puestos o cargos que lleven anejas funciones de dirección, representación, asesoramiento o prestación de servicios en Compañías o Empresas que se dediquen a dichas actividades.

- El desempeño de puestos o cargos que llevan anejas funciones de dirección, representación, asesoramiento o prestación de servicios en Empresas o Sociedades arrendatarias o administradoras de monopolios.

- La prestación de servicios de asesoramiento o de cualquier otra índole con titularidad individual o compartida, en favor de Organismos o Empresas del sector público estatal, autonómico o local.

- La participación superior al 10 por 100, adquirida en todo o en parte con posterioridad a la fecha de su elección como Diputado o Senador, salvo que fuere por herencia, en Empresas o Sociedades que tengan contratos de obras, servicios, suministros o, en general, cualesquiera otros que se paguen con fondos de Organismos o Empresas del sector público estatal, autonómico o local.

- Las funciones de Presidente del Consejo de Administración, Consejero, Administrador, Director general, Gerente o cargos equivalentes, así como la prestación de servicios en Entidades de Crédito o Aseguradoras o en cualesquiera Sociedades o Entidades que tengan un objeto fundamentalmente financiero y hagan apelación públicamente al ahorro y al crédito.
- Cualesquiera otras actividades que por su naturaleza sean incompatibles con la dedicación y las obligaciones parlamentarias contenidas en los respectivos Reglamentos.

d) Se exceptúan del régimen de incompatibilidades las siguientes situaciones (Art. 159.3):

- La mera administración del patrimonio personal o familiar. Sin embargo, en ningún caso tendrán esta consideración las actividades privadas cuando el interesado, su cónyuge o persona vinculada a aquél en análoga relación de convivencia efectiva y descendientes menores de edad, conjunta o separadamente, tengan participación superior al 10 por 100 en actividades empresariales o profesionales de toda índole que tengan conciertos, concesiones o contratos con Organismos o Empresas del sector público estatal, autonómico o local.
- La producción y creación literaria, científica, artística o técnica, así como las publicaciones derivadas de ellas.
- Las actividades privadas que sean autorizadas por la respectiva Comisión de cada Cámara, previa petición expresa de los interesados. La solicitud y la autorización que se otorgue se inscribirán en el Registro de Intereses.

e) Los Diputados y Senadores, con arreglo a las determinaciones de los respectivos Reglamentos de las Cámaras, están obligados a formular declaración de todas las actividades que puedan constituir causa de incompatibilidad conforme a lo establecido en la Ley Electoral y de cualesquiera otras actividades que les proporcionen o puedan proporcionar ingresos económicos, así como de sus bienes patrimoniales, tanto al adquirir como al perder su condición de parlamentarios, así como cuando modifiquen sus circunstancias (Art. 160.1).

Las declaraciones sobre actividades y bienes se formularán por separado conforme a los modelos que aprobarán las Mesas de ambas Cámaras en reunión conjunta y se inscribirán en un Registro de Intereses, constituido en cada una de las propias Cámaras bajo la dependencia directa de sus respectivos Presidentes, a los efectos del presente artículo y a los que determinen los Reglamentos de las mismas Cámaras (Art. 160.2).

La declaración de actividades incluirá (Art. 160.2):

- Cualesquiera actividades que se ejercieren y que puedan constituir causa de incompatibilidad.
- Las que, con arreglo a la Ley, puedan ser de ejercicio compatiblc.
- En general, cualesquiera actividades que proporcionen o puedan proporcionar ingresos económicos.

El contenido del Registro de Intereses tendrá carácter público. Las Mesas de las Cámaras, conforme a lo dispuesto en el párrafo primero de este apartado, acordarán el procedimiento para asegurar la publicidad. La instrucción y la resolución de todos los procedimientos relativos al Registro de Intereses y a las actividades de los Diputados y Senadores corresponderá al Presidente de cada Cámara (Art. 160.2).

El Pleno de la Cámara resolverá sobre la posible incompatibilidad, a propuesta de la Comisión correspondiente, que deberá ser motivada y, si declara la incompatibilidad, el parlamentario deberá optar entre el escaño y el cargo, actividad, percepción o participación incompatible. En el caso de no ejercitarse la opción, se entiende que renuncia al escaño (Art.160.3).

f) Declarada por el Pleno correspondiente la reiteración o continuidad en las actividades incompatibles, la realización ulterior de las mismas llevará consigo la renuncia al escaño, a lo que se dará efectividad en la forma que determinen los Reglamentos de las Cámaras (Art. 160.4).

23. EL RÉGIMEN DE LAS INCOMPATIBILIDADES DEL PERSONAL DE LAS CORTES GENERALES

El régimen de incompatibilidades del personal de las Cortes Generales se regula por el Estatuto de personal aprobado por las Mesas del Congreso de Diputados y del Senado de común acuerdo en fecha 2 de marzo de 2006 y modificado posteriormente (Art. 72.1 de la CE y Disposición final segunda de la Ley 53/1984).

El régimen de incompatibilidades es el siguiente:

1°) Con carácter general, el desempeño de un puesto de trabajo por los funcionarios, el personal eventual y el personal laboral de las Cortes Generales será incompatible con el ejercicio de cualquier cargo, profesión o actividad pública o privada que pueda impedir o menoscabar el estricto cumplimiento de sus deberes o comprometer su imparcialidad o independencia (Art. 60.3).

2°) Los funcionarios de las Cortes Generales no podrán compatibilizar sus actividades con el desempeño, por sí o mediante sustitución de un segundo puesto de trabajo, cargo o actividad en el sector público, salvo en los supuestos expresamente previstos en el Estatuto (Art.60.1).

Se considerará actividad en el sector público la desarrollada por los miembros electivos del Parlamento Europeo, miembros electivos de las Asambleas Legislativas de las Comunidades Autónomas y de las Corporaciones locales, por los altos cargos y restante personal de los Órganos constitucionales y de todas las Administraciones públicas, incluida la Administración de Justicia, así como los Entes, Organismos y Empresas de ellas dependientes, entendiéndose comprendidas las Entidades colaboradoras y las concertadas de la Seguridad Social en la prestación sanitaria. Los funcionarios de las Cortes Generales no podrán pertenecer a Consejos de Administración u órganos de gobierno de Entidades o Empresas públicas o privadas en representación del sector público (Art. 61.1 y 2).

Salvo en los supuestos previstos en el Estatuto no se podrá percibir más de una remuneración con cargo a los presupuestos de las Administraciones públicas y de los Entes, Organismos y Empresas de ellas dependientes o con cargo a los de los Órganos constitucionales o que resulte de la aplicación de arancel, ni ejercer opción por percepciones correspondientes a puestos incompatibles. A estos efectos, se entenderá por remuneración cualquier derecho de contenido económico derivado, directa o indirectamente, de una prestación o servicio personal, sea su cuantía fija o variable y su devengo periódico u ocasional (Art. 61.3).

3º) Los funcionarios de las Cortes Generales no podrán ejercer, por sí o mediante sustitución, actividades privadas, incluidas las de carácter profesional, sean por cuenta ajena o bajo la dependencia o al servicio de Entidades o particulares, que se relacionen directamente con las que desarrollen en las Cortes Generales (Art. 60.2).

El funcionario en servicio activo de las Cortes Generales no podrá ejercer en ningún caso las actividades siguientes (Art. 62.1):

a) El desempeño de actividades privadas, incluidas las de carácter profesional, sea por cuenta propia o bajo la dependencia o al servicio de Entidades o particulares, en los asuntos en que esté interviniendo, haya intervenido en los dos últimos años o tenga que intervenir por razón del puesto público. Se incluyen en especial en esta incompatibilidad las actividades profesionales prestadas a personas a quienes se esté obligado a atender en el desempeño del puesto público.

b) La pertenencia a Consejos de Administración u órganos rectores de Empresas o Entidades privadas, siempre que la actividad de las mismas esté directamente relacionada con las Cortes Generales.

c) El desempeño por sí o persona interpuesta de cargos de todo orden en Empresas o Sociedades concesionarias, contratistas de obras, servicios o suministros, arrendatarias o administradoras de monopolios, o con participación o aval del sector público, cualquiera que sea la configuración jurídica de aquéllas.

d) La participación superior al 10 por 100 en el capital de las Empresas o Sociedades a que se refiere el párrafo anterior.

e) El ejercicio de actividades privadas lucrativas, mercantiles, profesionales o industriales, siempre que pudiera comprometer la imparcialidad o independencia del funcionario, o impedir o menoscabar el cumplimiento de sus deberes.

f) El asesoramiento a Partidos Políticos, Grupos Parlamentarios, Sindicatos, Asociaciones empresariales o cualquier tipo de grupo o asociación que tenga relación directa con las funciones desarrolladas por las Cortes Generales.

g) La intervención profesional en recursos de inconstitucionalidad.

h) La intervención profesional en recursos contenciosos electorales de cualquier clase, en cuestiones, litigiosas o no, que enfrenten entre sí a Partidos Políticos con representación parlamentaria, a Centrales Sindicales o a éstas con organizaciones empresariales.

i) La intervención profesional, procesal o no, frente o contra las propias Cortes Generales.

j) El asesoramiento a personas públicas o privadas en la elaboración de Proyectos de Ley o textos, normativos o no, que deban ser aprobados por el Consejo de Ministros para su remisión a las Cámaras, o que se encuentren ya en trámite de discusión parlamentaria, así como la actividad de publicación sobre las materias afectadas por tales circunstancias.

k) La elaboración de informes o dictámenes para las Administraciones Públicas.

En todo caso, los funcionarios de las Cortes Generales no podrán invocar o hacer uso de su condición pública para el ejercicio de actividad mercantil, industrial o profesional (Art. 62.2).

4º) El ejercicio de todo tipo de actividades profesionales públicas o privadas, laborales, mercantiles o industriales requerirá el previo reconocimiento de compatibilidad (Art. 63.1).

El funcionario que desee obtener dicho reconocimiento presentará la correspondiente solicitud dirigida a las Mesas del Congreso de los Diputados y del Senado, en la que se contendrán detalladamente todos los datos necesarios para el pronunciamiento. La resolución motivada reconociendo la compatibilidad o declarando la incompatibilidad corresponde a dichas Mesas, en reunión conjunta, previo informe del Letrado Mayor de las Cortes Generales (Art. 63.2).

El reconocimiento de la compatibilidad habilitará para el ejercicio de la actividad declarada compatible en los términos de la propia resolución. En todo caso, dicho reconocimiento no podrá modificar la jornada de trabajo y horario del interesado y quedará automáticamente sin efecto en caso de cambio de puesto en el sector público o privado (Art. 63.3).

No podrá reconocerse compatibilidad alguna para actividades privadas a quienes se les hubiere autorizado la compatibilidad para un segundo puesto o actividad públicos siempre que la suma de jornadas de ambos sea igual o superior a la máxima o a la ordinaria de las Cortes Generales (At. 63.4).

5°) Quedan exceptuadas de la necesidad de obtener el reconocimiento de la compatibilidad (Art. 64):

a) Las actividades particulares que, en el ejercicio de un derecho legalmente reconocido, realicen para sí los directamente interesados.

b) Las actividades derivadas de la administración del patrimonio personal o familiar.

c) La dirección de seminarios o el dictado de cursos o conferencias en centros oficiales destinados a la formación de funcionarios o profesorado, cuando no tengan carácter permanente o habitual ni supongan más de setenta y cinco horas al año.

d) La participación en tribunales calificadores de pruebas selectivas para ingreso en las Cortes Generales.

e) La participación del personal docente en tribunales para exámenes, pruebas o evaluaciones distintas de las que habitualmente les corresponda en la forma establecida.

f) La producción y creación literaria, artística, científica y técnica, así como las publicaciones derivadas de aquéllas, siempre que no se originen como consecuencia de una relación de empleo o de prestación de servicios.

g) La participación ocasional en coloquios y programas en cualquier medio de comunicación social.

h) La colaboración y la asistencia ocasional a congresos, seminarios, conferencias o cursos de carácter profesional.

i) La actividad tutorial en los centros asociados de la Universidad Nacional de Educación a Distancia, siempre que no afecte al horario de trabajo y en tanto no se modifique el régimen de dicha actividad

6º) Son actividades compatibles previo reconocimiento de compatibilidad (Art. 65):

a) Previo el correspondiente reconocimiento de compatibilidad, los funcionarios de las Cortes Generales podrán ser titulares de plazas en servicio activo o contratados en el ámbito público docente o de investigación de carácter universitario. En todo caso se desempeñarán en régimen de dedicación no superior a tiempo parcial y sin que pueda perjudicar a la prestación del servicio en las Cortes Generales. La percepción de haberes con motivo de la compatibilidad en el ámbito público docente o de investigación de carácter universitario estará condicionada al cumplimiento de los límites cuantitativos que establece el Art.7 de la Ley 53/1984, aplicado en la forma que resulte equivalente en las Cortes Generales.

La superación de estos límites, en cómputo anual, requiere en cada caso acuerdo expreso de las Mesas del Congreso y del Senado en reunión conjunta.

Los servicios prestados en el segundo puesto o actividad no se computarán a efectos de trienios ni de derechos pasivos, pudiendo suspenderse la cotización a este último efecto. Las pagas extraordinarias, así como las prestaciones de carácter familiar, sólo podrán percibirse por uno de los puestos, cualquiera que sea su naturaleza.

Los servicios prestados en el segundo puesto o actividad tampoco se computarán a efectos de pensiones de Seguridad Social en la medida en que puedan rebasarse las prestaciones correspondientes a cualquiera de los puestos compatibilizados, desempeñados en régimen de jornada ordinaria, pudiendo adecuarse la cotización en la forma que reglamentariamente se determine.

En el caso de que, como consecuencia de los límites cuantitativos, no se puedan percibir haberes, sólo se podrán percibir las cantidades correspondientes en concepto de indemnización.

b) Las Mesas del Congreso y del Senado, en reunión conjunta, podrán autorizar, por razones de notorio interés público, una segunda actividad en el sector público, que sólo podrá desempeñarse a tiempo parcial y con duración determinada en las condiciones establecidas por la legislación laboral. Para el ejercicio de la segunda actividad será indispensable la previa y expresa autorización de compatibilidad que no supondrá modificación de jornada de trabajo y horarios de los dos puestos y que se condiciona a su estricto cumplimiento en ambos.

   El desempeño de este puesto de trabajo en el sector público es incompatible con la percepción de pensión de jubilación o retiro por derechos pasivos o por cualquier régimen de Seguridad Social público y obligatorio. La percepción de las pensiones indicadas quedará en suspenso por el tiempo que dure el desempeño de dicho puesto, sin que ello afecte a sus actualizaciones. Por excepción, en el ámbito laboral, será compatible la pensión de jubilación parcial con un puesto de trabajo a tiempo parcial.

c) Podrá autorizarse a los funcionarios de las Cortes Generales, excepcionalmente, la compatibilidad para el ejercicio de actividades de investigación, de carácter no permanente, o de asesoramiento en supuestos concretos que no correspondan a las funciones de personal adscrito a las respectivas Administraciones públicas. La excepcionalidad se acreditará por la asignación del encargo en concurso público o por requerir especiales cualificaciones que sólo ostenten personas afectadas por el ámbito de este Estatuto, y la autorización de esta compatibilidad estará sujeta a los requisitos y exigencias del Art. 7 de la Ley 53/1984, aplicado en la forma que resulte equivalente en las Cortes Generales. La superación de los límites a que se refiere el citado precepto, en cómputo anual, requiere en cada caso acuerdo expreso de las Mesas del Congreso y del Senado en reunión conjunta.

7°) Quienes accedan por cualquier título a un nuevo puesto del sector público que con arreglo a este Estatuto resulte incompatible con el que vinieran desempeñando habrán de optar por uno de ellos dentro del plazo de toma de posesión. A falta de opción en el plazo señalado se entenderá que optan por el nuevo puesto, pasando a la situación de excedencia voluntaria en el que vinieran desempeñando (Art. 66.1).

Si se trata de puestos susceptibles de compatibilidad previa autorización, deberán instarla en los diez primeros días del aludido plazo de toma de posesión, entendiéndose éste prorrogado en tanto recae resolución (Art.66.2).

8°) El ejercicio por el funcionario de cualquier actividad compatible no servirá de excusa a la asistencia al lugar de trabajo que requiera su puesto o cargo, ni al retraso, negligencia o descuido en el desempeño de los mismos (Art. 67.1).

Los órganos a quienes competa la dirección o jefatura de los distintos servicios cuidarán, bajo su responsabilidad, de prevenir o corregir, en su caso, las incompatibilidades en que puedan incurrir los funcionarios que de ellos dependan (Art. 67.2).

24. LAS AUTORIZACIONES DE COMPATIBILIDAD CONCEDIDAS A LOS CATEDRÁTICOS Y PROFESORES DE MÚSICA Y ARTES ESCÉNICAS

El régimen de las compatibilidades de los Catedráticos y Profesores de Música y Artes Escénicas se rige por la Ley 53/1984, si bien las autorizaciones de compatibilidad concedidas a los Catedráticos y Profesores de Música y Artes Escénicas que presten servicio en los Conservatorios Superiores de Música y en los Conservatorios Profesionales de Música se mantendrán vigentes siempre que no se produzcan modificaciones en ninguna de las actividades públicas declaradas compatibles (Disposición transitoria décima de la Ley 53/1984).

IV. El régimen de las incompatibilidades de las prestaciones de la Seguridad Social

IV.1. El régimen de las incompatibilidades de las prestaciones sociales contributivas de la Seguridad Social

IV.1.1. El régimen de las incompatibilidades de las pensiones

IV.1.1.1. El régimen de las incompatibilidades de las pensiones de jubilación

25. LA REGLA GENERAL DE LA INCOMPATIBILIDAD DE LA PENSIÓN DE JUBILACIÓN CON EL TRABAJO

Como regla general, la pensión de jubilación será incompatible con el trabajo del pensionista (Art. 213.1 de la LGSS y 16.1 de La Orden de 18 de enero de 1967). Así sucederá:

1°) Con cualquier trabajo por cuenta propia o por cuenta ajena a tiempo completo del sector privado que dé lugar a su inclusión en el Régimen General o en alguno de los Regímenes Especiales.

2°) Con una actividad en el sector público, entendiendo por tal *"la desarrollada por los miembros electivos de las Asambleas Legislativas de las Comunidades Autónomas y de las Corporaciones Locales, por los altos cargos y restante personal de los órganos constitucionales y de todas las Administraciones Públicas, incluida la Administración de Justicia, y de los Entes, Organismo y Empresas de ellas dependientes, entendiéndose comprendidas las Entidades colaboradoras y las concertadas de la Seguridad Social en la prestación sanitaria"* (Art. 1.2 de la LGSS en relación con los Arts. 1.1 y 3.2 de la Ley 53/1984, de 26 de diciembre, de incompatibilidades del personal al servicio de las Administraciones Públicas).

La percepción de la pensión contributiva quedará en suspenso por el tiempo que dure el desempeño de dicho puesto, sin que ello afecte a sus revalorizaciones (Art. 1.2 de la LGSS).

3º) Con el desempeño de los altos cargos a los que se refiere el Art. 1 de la Ley 3/2015, de 30 de mayo, reguladora del ejercicio del alto cargo de la Administración General del Estado:

a) Los miembros del Gobierno y los Secretarios de Estado.

b) Los Subsecretarios y asimilados; los Secretarios Generales; los Delegados del Gobierno en las Comunidades Autónomas y en Ceuta y Melilla; los Delegados del Gobierno en entidades de Derecho Público; y los jefes de misión diplomática permanente, así como los jefes de representación permanente ante organizaciones internacionales.

c) Los Secretarios Generales Técnicos, Directores Generales de la Administración General del Estado y asimilados.

d) Los Presidentes, los Vicepresidentes, los Directores Generales, los Directores ejecutivos y asimilados en entidades del sector público estatal, administrativo, fundacional o empresarial, vinculadas o dependientes de la Administración General del Estado que tengan la condición de máximos responsables y cuyo nombramiento se efectúe por decisión del Consejo de Ministros o por sus propios órganos de gobierno y, en todo caso, los Presidentes y Directores con rango de Director General de las Entidades Gestoras y Servicios Comunes de la Seguridad Social; los Presidentes y Directores de las Agencias Estatales, los Presidentes y Directores de las Autoridades Portuarias y el Presidente y el Secretario General del Consejo Económico y Social.

e) El Presidente, el Vicepresidente y el resto de los miembros del Consejo de la Comisión Nacional de los Mercados y de la Competencia, el Presidente del Consejo de Transparencia y Buen Gobierno, el Presidente de la Autoridad Independiente de Responsabilidad Fiscal, el Presidente, Vicepresidente y los Vocales del Consejo de la Comisión Nacional del Mercado de Valores, el Presidente, los Consejeros y el Secretario General del Consejo de Seguridad Nuclear, así como el Presidente y los miembros de los órganos rectores de cualquier otro organismo regulador o de supervisión.

f) Los Directores, Directores ejecutivos, Secretarios Generales o equivalentes de los organismos reguladores y de supervisión.

g) Los titulares de cualquier otro puesto de trabajo en el sector público estatal, cualquiera que sea su denominación, cuyo nombramiento se efectúe por el Consejo de Ministros, con excepción de aquellos que tengan la consideración de Subdirectores Generales y asimilados.

h) No tendrá la consideración de alto cargo quien sea nombrado por el Consejo de Ministros para el ejercicio temporal de alguna función o representación pública y no tenga en ese momento la condición de alto cargo.

El pensionista de jubilación que realice trabajos incompatibles incurrirá en responsabilidad y será objeto de la oportuna propuesta de sanción, de conformidad con el Reglamento General de faltas y sanciones del Régimen General de la Seguridad Social (RD 928/1998, de 14 de mayo), viniendo obligado a reintegrar el importe de las pensiones indebidamente percibidas. El empresario que le haya empleado sin comunicar su alta responderá subsidiariamente con él, de dicho reintegro, sin perjuicio de la sanción que proceda (Art. 16.3 de la Orden de 18 de enero de 1967).

26. LAS EXCEPCIONES A LA REGLA GENERAL DE INCOMPATIBILIDAD DE LA PENSIÓN DE JUBILACIÓN CON EL TRABAJO

La pensión de jubilación será compatible con el trabajo en los términos que legal o reglamentariamente se determinen (Arts. 213.1 de la LGSS y 16.2 de la Orden de 18 de enero de 1967). Así sucede en los siguientes casos:

1°) Siempre que con carácter simultáneo se celebre un contrato de relevo en los términos previstos en el Art.12.7 del ET, los trabajadores a tiempo completo podrán acceder a la jubilación parcial cuando reúnan los siguientes requisitos (Art. 215.2 de la LGSS):

a) Tener cumplida en la fecha del hecho causante una edad de sesenta y cinco años, o de sesenta y tres cuando se acrediten treinta y seis años y seis meses de cotización, sin que, a tales efectos, se tengan en cuenta las bonificaciones o anticipaciones de la edad de jubilación que pudieran ser de aplicación al interesado.

b) Acreditar un período de antigüedad en la empresa de, al menos, seis años inmediatamente anteriores a la fecha de la jubilación parcial. A tal efecto se computará la antigüedad acreditada en la empresa anterior si ha mediado una sucesión de empresa en los términos previstos en el Art. 44 del ET, o en empresas pertenecientes al mismo grupo.

c) Que la reducción de su jornada de trabajo se halle comprendida entre un mínimo de un 25 por ciento y un máximo del 50 por ciento, o del 75 por ciento para los supuestos en que el trabajador relevista sea contratado a jornada completa mediante un contrato de duración indefinida, siempre que se acrediten el resto de los requisitos. Dichos porcentajes se entenderán referidos a la jornada de un trabajador a tiempo completo comparable.

d) Acreditar un período de cotización de treinta y tres años en la fecha del hecho causante de la jubilación parcial, sin que a estos efectos se tenga en cuenta la parte proporcional correspondiente por pagas extraordinarias. A estos exclusivos efectos, solo se computará el período de prestación del servicio militar obligatorio o de la prestación social sustitutoria, con el límite máximo de un año.

   En el supuesto de personas con discapacidad en grado igual o superior al 33 por ciento, el período de cotización exigido será de veinticinco años.

e) Que exista una correspondencia entre las bases de cotización del trabajador relevista y del jubilado parcial, de modo que la correspondiente al trabajador relevista no podrá ser inferior al 65 por ciento del promedio de las bases de cotización correspondientes a los seis últimos meses del período de base reguladora de la pensión de jubilación parcial.

f) Los contratos de relevo que se establezcan como consecuencia de una jubilación parcial tendrán, como mínimo, una duración igual al tiempo que le falte al trabajador sustituido para alcanzar la edad de jubilación a que se refiere el Art. 205.1 a) de la LGSS.

En los casos en que el contrato de relevo sea de carácter indefinido y a tiempo completo, deberá mantenerse al menos durante una duración igual al resultado de sumar dos años al tiempo que le falte al trabajador sustituido para alcanzar la edad de jubilación a que se refiere el artículo 205.1.a). En el supuesto de que el contrato se extinga antes de alcanzar la duración mínima indicada, el empresario estará obligado a celebrar un nuevo contrato en los mismos términos del extinguido, por el tiempo restante. En caso de incumplimiento por parte del empresario de las condiciones establecidas en el presente artículo en materia de contrato de relevo, será responsable del reintegro de la pensión que haya percibido el pensionista a tiempo parcial.

g) Sin perjuicio de la reducción de jornada, durante el período de disfrute de la jubilación parcial, empresa y trabajador cotizarán por la base de cotización que, en su caso, hubiese correspondido de seguir trabajando este a jornada completa.

2º) Con un trabajo a tiempo parcial de los trabajadores que hayan cumplido la edad a que se refiere el Art. 205.1.a) de la LGSS (ver *supra*), y reúnan los requisitos para causar derecho a la pensión de jubilación, siempre que se produzca una reducción de su jornada de trabajo comprendida entre un mínimo del 25 por ciento y un máximo del 50 por ciento, sin necesidad de la celebración simultánea de un contrato de relevo. Los porcentajes se entenderán referidos a la jornada de un trabajador a tiempo completo comparable (Arts. 1.1 y 215.1 de la LGSS y 3.2 de la Ley 53/1984).

Podrán acogerse a esta jubilación parcial los socios trabajadores o de trabajo de las cooperativas, asimilados a trabajadores por cuenta ajena en los términos del Art. 14 de la LGSS, que reduzcan su jornada y derechos económicos en las condiciones previstas en el Art. 12.6 del ET, y cumplan los requisitos establecidos en el apartado 2 de este artículo, cuando la cooperativa concierte con un socio de duración determinada de la misma o con un desempleado la realización, en calidad de socio trabajador o de socio de trabajo, de la jornada dejada vacante por el socio que se jubila parcialmente, con las mismas condiciones establecidas para la celebración de un contrato de relevo en el Art. 12.7 del ET (Art. 215. 5 de la LGSS).

3º) En los supuestos de *"jubilación activa"* regulados en el Art. 214 de la LGS del siguiente modo:

a) El trabajo del pensionista compatible con la pensión puede ser por cuenta ajena o por cuenta propia.

b) El acceso a la pensión deberá haber tenido lugar una vez cumplida la edad que en cada caso resulte de aplicación, según lo establecido en el Art. 205.1.a) de la LGSS sin que, a tales efectos, sean admisibles jubilaciones acogidas a bonificaciones o anticipaciones de la edad de jubilación que pudieran ser de aplicación al interesado.

c) El porcentaje aplicable a la respectiva base reguladora a efectos de determinar la cuantía de la pensión causada ha de alcanzar el 100 por ciento.

d) El trabajo compatible podrá realizarse a tiempo completo o a tiempo parcial.

e) La cuantía de la pensión de jubilación compatible con el trabajo será equivalente al 50 por ciento del importe resultante en el reconocimiento inicial, una vez aplicado, si procede, el límite máximo de pensión pública, o del que se esté percibiendo, en el momento de inicio de la compatibilidad con el trabajo, excluido, en todo caso, el complemento por mínimos, cualquiera que sea la jornada laboral o la actividad que realice el pensionista.

   La pensión se revalorizará en su integridad en los términos establecidos para las pensiones del sistema de la Seguridad Social. No obstante, en tanto se mantenga el trabajo compatible, el importe de la pensión más las revalorizaciones acumuladas se reducirá en un 50 por ciento.

f) El pensionista no tendrá derecho a los complementos para pensiones inferiores a la mínima durante el tiempo en el que compatibilice la pensión con el trabajo.

g) El beneficiario tendrá la consideración de pensionista a todos los efectos.

h) Finalizada la relación laboral por cuenta ajena o producido el cese en la actividad por cuenta propia, se restablecerá el percibo íntegro de la pensión de jubilación.

i) Las empresas en las que se compatibilice la prestación de servicios con el disfrute de la pensión de jubilación no deberán haber adoptado decisiones extintivas improcedentes en los seis meses anteriores a dicha compatibilidad. La limitación afectará únicamente a la cobertura de aquellos puestos de trabajo del mismo grupo profesional que los afectados por la extinción.

Una vez iniciada la compatibilidad entre pensión y trabajo, la empresa deberá mantener, durante la vigencia del contrato de trabajo del pensionista de jubilación, el nivel de empleo existente en la misma antes de su inicio. A este respecto se tomará como referencia el promedio diario de trabajadores de alta en la empresa en el periodo de los noventa días anteriores a la compatibilidad, calculado como el cociente que resulte de dividir entre noventa la suma de los trabajadores que estuvieran en alta en la empresa en los noventa días inmediatamente anteriores a su inicio.

No se considerarán incumplidas las obligaciones de mantenimiento del empleo anteriores cuando el contrato de trabajo se extinga por causas objetivas o por despido disciplinario cuando uno u otro sea declarado o reconocido como procedente, ni las extinciones causadas por dimisión, muerte, jubilación o incapacidad permanente total, absoluta o gran invalidez de los trabajadores o por la expiración del tiempo convenido o realización de la obra o servicio objeto del contrato.

j) Las previsiones anteriores no serán aplicables en los supuestos de desempeño de un puesto de trabajo o alto cargo en el sector público, que será incompatible con la percepción de la pensión de jubilación.

La regulación anterior se entenderá aplicable sin perjuicio del régimen jurídico previsto para cualesquiera otras modalidades de compatibilidad entre pensión y trabajo, establecidas legal o reglamentariamente (Art. 214.7 de la LGSS).

4º) Con los trabajos por cuenta propia cuyos ingresos anuales totales no superen el salario mínimo interprofesional, en cómputo anual. Quienes realicen estas actividades económicas no estarán obligados a cotizar por las prestaciones de la Seguridad Social (Art. 213.4 de la LGSS), si bien no generarán nuevos derechos sobre las prestaciones de la Seguridad Social.

5º) Con el mantenimiento de la titularidad de un negocio y del ejercicio de las funciones inherentes a dicha titularidad.

6º) Con el ejercicio de la actividad desarrollada por cuenta propia por los profesionales colegiados en alta en una mutualidad alternativa o exentos de causar alta en el RETA.

La Orden TIN/1362/2011, de 23 de mayo, establece con carácter general la incompatibilidad de la percepción de la pensión de jubilación del sistema de la Seguridad Social con la actividad desarrollada por cuenta propia por los profesionales colegiados (Artículo único), salvo que la pensión de jubilación viniera compatibilizándose con el ejercicio de la actividad por cuenta propia del profesional colegiado con anterioridad a la entrada en vigor de esta Orden, esto es, con anterioridad al 1 de julio de 2011 (Disposición Adicional única).

7º) Con el trabajo de los profesores universitarios eméritos y el personal licenciado sanitario emérito, excluidos del Régimen General de la Seguridad Social por el Art. 137 c) de la LGSS (Art. 213.2 de la LGSS y Disposición adicional novena de la Ley 533/1984).

8º) El RD 302/2019, de 26 de abril, regula la compatibilidad de la pensión contributiva de jubilación y la actividad de creación artística, en desarrollo de la disposición final segunda del Real Decreto-ley

26/2018, de 28 de diciembre, por el que se aprueban medidas de urgencia sobre la creación artística y la cinematografía.

El régimen jurídico de esta compatibilidad es el siguiente:

a) Ámbito personal de aplicación (Art.2): Podrán acogerse a la compatibilidad regulada en este RD, sin perjuicio de lo dispuesto en el Art. 213.4 de la LGSS, los beneficiarios de una pensión contributiva de jubilación de la Seguridad Social que, con posterioridad a la fecha de reconocimiento de dicha pensión, desempeñen una actividad de creación artística por la que perciban ingresos derivados de derechos de propiedad intelectual, incluidos los generados por su transmisión a terceros, con independencia de que por la misma actividad perciban otras remuneraciones conexas.

   No podrá acogerse a esta modalidad de compatibilidad el beneficiario de una pensión contributiva de jubilación de la Seguridad Social que, además de desarrollar la actividad a la que se refiere el párrafo anterior, realice cualquier otro trabajo por cuenta ajena o por cuenta propia que dé lugar a su inclusión en el campo de aplicación del Régimen General o de alguno de los regímenes especiales de la Seguridad Social.

b) Régimen de compatibilidad (Art. 3): La actividad de creación artística será compatible con el 100 por ciento del importe que corresponda percibir o, en su caso, viniera percibiendo el beneficiario por la pensión contributiva de jubilación.

   Del mismo modo, se podrá compatibilizar la actividad de creación artística con el 100 por ciento del importe del complemento por maternidad, así como con la cantidad adicional a que se refiere el párrafo tercero del Art. 210.2 de la LGSS, que corresponda percibir o viniera percibiendo el beneficiario.

   El beneficiario tendrá derecho a los complementos para pensiones inferiores a la mínima durante el tiempo en el que compatibilice la pensión con la actividad de creación artística, siempre que reúna los requisitos establecidos para ello.

   El beneficiario tendrá la consideración de pensionista a todos los efectos.

c) Derecho de opción (Art. 4): Como alternativa al régimen de compatibilidad, el beneficiario de una pensión contributiva de jubilación de la Seguridad Social que reuniera los requisitos previstos en este RD podrá optar por la aplicación del régimen jurídico previsto para cualesquiera otras modalidades de compatibilidad entre pensión y trabajo, establecidas legal o reglamentariamente.

De igual forma, el pensionista de jubilación que cumpla los requisitos previstos en este RD también podrá optar por la suspensión del percibo de su pensión. En tal caso, la cotización a la Seguridad Social se realizará conforme a las normas que rijan en el régimen de Seguridad Social que corresponda en función de su actividad.

d) Ejercicio del derecho a la compatibilidad (Art. 5): Si el beneficiario de una pensión contributiva de jubilación, una vez causada la misma, inicia una actividad de creación artística, procederá su alta en el régimen de la Seguridad Social que corresponda en los términos previstos en el Reglamento general sobre inscripción de empresas y afiliación, altas, bajas y variaciones de datos de trabajadores en la Seguridad Social, aprobado por el Real Decreto 84/1996, de 26 de enero, para lo cual, deberá aportar a la Tesorería General de la Seguridad Social, según corresponda, el modelo de certificado o de declaración responsable que constan, respectivamente, como anexos I y II de este RD[4]. El alta deberá mantenerse durante todo el periodo de duración de la referida actividad.

---

[4] ANEXO I

Certificación de percepción de ingresos derivados de la titularidad de derechos de propiedad intelectual para la compatibilidad con la pensión contributiva de jubilación

D./D.ª......................................., actuando en nombre propio o en representación de la mercantil ...., CERTIFICA, que en virtud de contrato de cesión de derechos de propiedad intelectual de fecha ...., celebrado al amparo de lo dispuesto en el texto refundido de la Ley de Propiedad Intelectual, aprobado por el Real Decreto Legislativo 1/1996, de 12 de abril, abona, en su condición de cesionario, a

En aquellos casos en los que el interesado ya se encontrara en alta en cualquiera de los Regímenes de la Seguridad Social, por la realización de una actividad de creación artística, a la fecha de la solicitud de la pensión contributiva de jubilación, y decidiera continuar con la misma acogiéndose a la compatibilidad regulada en RD, comunicará tal circunstancia a la entidad gestora de la Seguridad Social, debiendo acompañar esa comunicación con el modelo de certificado o de declaración responsable a efectos del mantenimiento de su alta por la Tesorería General de la Seguridad Social.

e) Cotización (Art. 6): La cotización durante la realización de alguna actividad de creación artística, ya sea al Régimen General de la Seguridad Social o al Régimen Especial de la Seguridad Social de los Trabajadores por Cuenta Propia o Autónomos, se efectuará únicamente por incapacidad temporal y por contingencias profesionales.

   Asimismo, la compatibilidad de la pensión de jubilación con alguna de las actividades estará sujeta a una cotización especial de solidaridad del 8 por ciento sobre la base de cotización por contingencias comunes, no computable a efectos de

---

............................., en su condición de cedente, un porcentaje por la explotación de esos derechos de propiedad intelectual.
Y para que conste, firma la presente declaración en .... a....... de......... de 20......

Fdo.: El cedente o su representante Fdo.: El cesionario

Anexo II
Declaración responsable de percepción de ingresos derivados de la titularidad de derechos de propiedad intelectual para la compatibilidad con la pensión contributiva de jubilación
D./D.ª.., con NIF ....,
declaro responsablemente que recibo ....en concepto de ingresos derivados de la titularidad y explotación de los derechos de propiedad intelectual de los que soy titular.
Y para que conste, firma la presente declaración en .... a....... de......... de 20......

Fdo.: El titular

prestaciones. En el caso de que esa actividad se desarrolle por cuenta ajena, el 6 por ciento correrá a cargo del empresario y el 2 por ciento a cargo del trabajador.

f) Cómputo de periodos de carencia (Art. 7): A efectos del cómputo del periodo de carencia requerido para el acceso a las prestaciones que podría causar el beneficiario de esta compatibilidad, solo se tendrán en cuenta las cotizaciones realizadas con posterioridad al hecho causante de la pensión contributiva de jubilación.

26 bis. EL ACUERDO SOCIAL PARA MEJORAR LA COMPATIBILIDAD DE LA PENSIÓN DE JUBILACIÓN CON EL TRABAJO, PARA LA REGULACIÓN DE UN NUEVO PROCEDIMIENTO DE ACCESO A LA PENSIÓN DE LAS ACTIVIDADES CON ELEVADA PELIGROSIDAD Y PARA EL MAYOR APROVECHAMIENTO DE LOS RECURSOS DE LAS MUTUAS CON EL FIN DE RECUPERAR LA SALUD DE LAS PERSONAS TRABAJADORAS

En el marco del diálogo social y de los Pactos de Toledo, y pendientes de su traslación normativa, con el fin de garantizar la sostenibilidad del sistema público de pensiones, el Gobierno, las organizaciones empresariales CEOE y CEPYME y las organizaciones sindicales CCOO y UGT llegaron el 31 de julio de 2024 al Acuerdo Social para mejorar la compatibilidad de la pensión de jubilación con el trabajo, para la regulación de un nuevo procedimiento de acceso a la pensión de las actividades con elevada peligrosidad y para el mayor aprovechamiento de los recursos de las mutuas con el fin de recuperar la salud de las personas trabajadoras.

En él se acuerdan, en lo que aquí interesa:

1º) Mejoras en la regulación de la jubilación activa:

a) Se elimina el requisito que exige contar con la carrera completa de cotización para tener acceso a la jubilación activa.

b) Se reconoce la compatibilidad de la jubilación activa con los incentivos de demora.

c) El porcentaje de compatibilidad de la pensión con el mantenimiento de la actividad se incrementará en función de la demora en el acceso a la jubilación: un año de demora: 45% de pensión; dos años: 55 % de pensión; tres años: 65 % de pensión; cuatro años: 80 % de pensión; cinco años: 100 % de pensión.

d) El porcentaje inicial de compatibilidad de la pensión será del 75% en el supuesto de que de que la actividad se realice por cuenta propia y se acredite tener contratado, al menos, a un trabajador por cuenta ajena con carácter indefinido con una antigüedad mínima de 18 meses; o si se contrata con carácter indefinido a un nuevo trabajador por cuenta ajena que no haya tenido vínculo laboral con el trabajador autónomo en los dos años anteriores al inicio de la jubilación activa.

e) Estos porcentajes se incrementarán 5 puntos porcentuales por cada 12 meses de actividad profesional ininterrumpida.

2°) Una nueva regulación de la jubilación flexible: se establece un mandato para que el Gobierno, en el plazo de seis meses, revise la regulación de la jubilación flexible contenida en el Real Decreto 1132/2002 con el fin de incentivar el acceso a esta modalidad de pensión de los trabajadores asalariados, mejorando el porcentaje de pensión a percibir.

3°) Un nuevo marco regulador de la jubilación parcial y prolongación de la regulación aplicable a la industria manufacturera:

a) Se mantienen todos los parámetros, condiciones y requisitos vigentes salvo los siguientes:

b) El acceso a la jubilación parcial, con el correspondiente contrato de relevo, podrá producirse hasta tres años antes de la edad ordinaria de jubilación que corresponda en función de la carrera de cotización.

c) La reducción de jornada del jubilado parcial durante el primer año será de al menos un 20% con un máximo del 33%, para aquellos que anticipen más de dos años el acceso a la jubilación.

d) La contratación del relevista será indefinida y a tiempo completo, y deberá mantenerse durante al menos los dos años posteriores a la extinción de la jubilación parcial.

e) Los trabajadores fijos discontinuos podrán formar parte del proceso de relevo.

f) La compatibilidad efectiva entre trabajo y pensión permitirá la acumulación del tiempo de trabajo en periodos de días en la semana, semanas en el mes, meses en el año y periodos de tiempo durante la vigencia del contrato de relevo, de conformidad con lo dispuesto en pacto individual o, en su caso, en la negociación colectiva, en todas sus expresiones, incluido el acuerdo de centro de trabajo, sin que en ningún ámbito se pueda limitar o impedir su uso.

g) Se extiende la regulación aplicable a la industria manufacturera (Disposición Transitoria 4ª.6) a las pensiones causadas antes del 1 de enero de 2.030 con los siguientes ajustes:

- La cotización de la empresa y del jubilado parcial se incrementará progresivamente en los siguientes términos: 40% en 2025; 50% en 2026; 60% en 2027; 70% en 2028 y 80% en 2029.
- El porcentaje de trabajadores con contrato indefinido en la plantilla alcanzará al menos el 75%.
- Se aplicará el mismo régimen de acumulación de jornada previsto para la jubilación parcial general.
- Los trabajadores fijos discontinuos podrán formar parte del proceso de relevo.

27. LA REGLA GENERAL DE LA INCOMPATIBILIDAD DE LA PENSIÓN DE JUBILACIÓN CON OTRAS PENSIONES

Las pensiones de jubilación del Régimen General serán incompatibles con otras pensiones del Régimen General cuando coincidan en un mismo beneficiario, a no ser que expresamente se disponga lo contrario, legal o reglamentariamente (Art. 163.1 de la LGSS).

En el caso de que se cause derecho a una nueva pensión que resulte incompatible con la que se viniera percibiendo, la entidad gestora iniciará el pago o, en su caso, continuará con el abono de la pensión de mayor cuantía, en términos anuales, con suspensión de la pensión que conforme a lo anterior corresponda. No obstante, el interesado podrá solicitar que se revoque dicho acuerdo y optar por percibir la pensión suspendida. Esta opción producirá efectos económicos a partir del día primero del mes siguiente a la solicitud (Art. 163.1 de la LGSS).

La incompatibilidad anterior se refiere solamente a las prestaciones causadas en el Régimen General de la Seguridad Social, no rigiendo entre pensiones de jubilación otorgadas por distintos Regímenes de Seguridad Social, cuando exista una situación de pluriactividad, interpretando *sensu contrario* lo dispuesto en el Art. 163.1 de la LGSS (cfr. STS de 21 de febrero de 2018, Rec. 1498/2016).

IV.1.1.2. El régimen de las incompatibilidades de las prestaciones por incapacidad permanente

28. LA COMPATIBILIDAD DE LA PRESTACIÓN ECONÓMICA POR INCAPACIDAD PERMANENTE PARCIAL CON EL TRABAJO

La prestación económica correspondiente a la incapacidad permanente parcial, consistente en una cantidad a tanto alzado (Art. 196.1 de la LGSS) será compatible con cualquier tipo de trabajo, por cuenta propia o por cuenta ajena y, desde luego, con el mismo trabajo que venía desarrollando, si bien con la merma de rendimiento reconocida.

El Art. 1 del RD 1451/1983, de 11 de mayo, por el que en cumplimiento de lo previsto en la Ley 13/1982, de 7 de abril, se regula el empleo selectivo y las medidas de fomento del empleo de los trabajadores minusválidos, establece en este sentido que *"los trabajadores que hayan sido declarados en situación de incapacidad permanente parcial, tienen derecho a su reincorporación en la empresa, en las condiciones siguientes:*

1) Si la incapacidad permanente parcial no afecta el rendimiento normal del trabajador en el puesto de trabajo que ocupaba antes de incapacitarse deberá el empresario reincorporarlo al mismo puesto o, en caso de imposibilidad, mantenerle el nivel retributivo correspondiente al mismo. En el supuesto de que el empresario acredite la disminución en el rendimiento, deberá ocupar al trabajador en un puesto de trabajo adecuado a su capacidad residual y, si no existiera, podrá reducir proporcionalmente el salario, sin que en ningún caso la disminución pueda ser superior al 25 por 100 ni que los ingresos sean inferiores al salario mínimo interprofesional cuando se realice jornada completa.

2) Los trabajadores que hubiesen sido declarados en situación de incapacidad permanente parcial y después de haber recibido prestaciones de recuperación profesional recobraran su total capacidad para su profesión habitual, tendrán derecho a reincorporarse a su puesto de trabajo originario, si el que viniesen ocupando fuese de categoría inferior, siempre que no hubiesen transcurrido más de tres años en dicha situación. La reincorporación se llevará a efecto previa la comunicación a la Empresa, y a los representantes del personal, en el plazo de un mes, contado a partir de la declaración de aptitud por el organismo correspondiente".

29. LA COMPATIBILIDAD DE LA PRESTACIÓN ECONÓMICA POR INCAPACIDAD PERMANENTE TOTAL PARA LA PROFESIÓN HABITUAL CON EL TRABAJO

La prestación económica correspondiente a la incapacidad permanente total para la profesión habitual, consistente en una pensión vitalicia, que podrá excepcionalmente ser sustituida por una indemnización a tanto alzado cuando el beneficiario fuese menor de sesenta años (Art. 196.2 de la LGSS) será compatible con el salario que pueda percibir un trabajador en la misma empresa o en otra distinta y con el trabajo por cuenta propia, "*siempre y cuando las funciones no coincidan con aquellas que dieron lugar a la incapacidad permanente total*" (Art. 198.1 de la LGSS).

Será incompatible el incremento del 20 por 100 previsto en el Art. 196.2 de la LGSS, cuando por su edad, falta de preparación general o especializada y circunstancias sociales y laborales del lugar de residencia se presuma la dificultad de obtener empleo en actividad distinta de la habitual, con trabajos, por cuenta propia o ajena, incluidos en el campo de aplicación de Sistema de Seguridad Social (Art. 198.1 de la LGSS).

30. LA COMPATIBILIDAD DE LAS PRESTACIONES ECONÓMICAS POR INCAPACIDAD PERMANENTE ABSOLUTA Y POR GRAN INVALIDEZ CON EL TRABAJO

La pensión vitalicia en que consiste la prestación económica por incapacidad permanente absoluta o por gran invalidez (Art. 196.3 de la LGSS) será compatible con aquellas actividades, sean o no lucrativas, compatibles con el estado del incapacitado y que no representen un cambio en su capacidad de trabajo a efectos de revisión (Art 198.2 de la LGSS), actividades que no podrán ser las mismas que dieron lugar a la declaración de incapacidad.

La última doctrina interpretativa, modificativa de la jurisprudencia anterior, ha sido sentada por la STS de 11 de abril de 2024 (Rec.197/2023) entiende que los trabajos compatibles con las prestaciones de incapacidad permanente absoluta y gran invalidez a que se refiere el Art. 198.2 de la LGSS son aquellos de carácter marginal y de poca importancia que no requieran darse de alta, ni cotizar por ellos a la Seguridad Social; es decir los residuales, mínimos y limitados y, en manera alguna, los que constituyen la propios que se venían realizando habitualmente ni cualesquiera otros que permitan la obtención regular de rentas y que, como se ha precisado, den lugar a su inclusión en un régimen de la Seguridad Social.

Los argumentos interpretativos de la Sentencia son los siguientes:

a) En primer lugar, la interpretación literal del Art. 198.2 de la LGSS, que se refiere a actividades compatibles con el estado del incapacitado y que no representen un cambio en su capacidad de trabajo.

b) En segundo lugar, la interpretación sistemática del artículo 194 de la LGSS (según la Disposición Transitoria 26.ª de la LGSS), que define la incapacidad permanente absoluta y la gran invalidez con el Art. 198 de la LGS, que regula la compatibilidad de estas incapacidades con otras actividades.

c) En tercer lugar, la finalidad genérica de las prestaciones de la Seguridad Social, que es la de subvenir situaciones de necesidad de los ciudadanos.

d) En cuarto lugar, la finalidad específica de las prestaciones de la incapacidad permanente, que es la de sustituir la pérdida de ingresos derivada de la imposibilidad de trabajar.

e) En quinto lugar, la incompatibilidad para ocupar un empleo que podría ser ocupado por un trabajador desempleado que percibe prestación pública de desempleo: "*Admitir la compatibilidad en los términos en los que lo hacía nuestra anterior jurisprudencia -que aquí expresamente rectificamos- implicaba, en muchas ocasiones ligadas a la prestación de un trabajo por cuenta ajena, la ocupación de un empleo que podría haber sido ocupado por un trabajador desempleado que percibía prestación pública de desempleo y que sí resultaba —y resulta— incompatible con ese nuevo empleo. De esta forma, aplicando el entendimiento anterior del sistema de compatibilidades resultaba que el beneficiario seguía percibiendo rentas del trabajo, mientras que la seguridad social abonaba dos prestaciones: una de incapacidad al propio beneficiario; y otra, de desempleo, al trabajador que no percibía rentas de trabajo por carecer de empleo y que podría haber accedido a las rentas de trabajo derivadas del empleo que ocupaba el beneficiario de la prestación de incapacidad. Ello resulta contrario a la lógica y a la sostenibilidad del sistema de prestaciones públicas de protección social; y, también, al principio de solidaridad que impregna e informa la concepción constitucional y legal de la Seguridad Social, en la medida en que una misma persona -imposibilitada normativamente para el ejercicio de toda profesión u oficio- compatibiliza una pensión pública con rentas derivadas del trabajo que desarrolla*".

f) En sexto lugar, la necesidad de revisar el sistema de incapacidades para potenciar las capacidades de las personas con dificultades somáticas, en lugar de compatibilizar las rentas del trabajo con la prestación pública: *"Si en las actuales circunstancias sociales, las nuevas tecnologías informáticas y el uso de la denominada inteligencia artificial pueden permitir a personas con serias dificultades somáticas la realización de trabajos con la ayuda de tales instrumentos, la solución al problema que se plantea no debe ser la compatibilidad de las rentas del trabajo con la prestación pública que compense la incapacidad; sino, al contrario, la revisión del sistema de incapacidades en general y, específicamente, la del beneficiario afectado en orden a potenciar sus capacidades y la consecución de rentas dignas derivadas de su esfuerzo y trabajo al margen de la pensión pública cuya finalidad era sustituir las rentas que no existían"*.

g) Por último, la necesidad de arbitrar nuevos mecanismos para la reinserción socio laboral de las personas con discapacidades para el trabajo *"sin necesidad de sustituirlos con aportaciones prestacionales que resultan incompatibles con aquellos trabajos"*.

El disfrute de la pensión de incapacidad permanente absoluta y de gran invalidez a partir de la edad de acceso a la pensión de jubilación será incompatible con el desempeño por el pensionista de un trabajo, por cuenta propia o por cuenta ajena, que determine su inclusión en alguno de los Regímenes del Sistema de la Seguridad Social, en los mismos términos y condiciones que los regulados para la pensión de jubilación en su modalidad contributiva en el Art. 213.1 de la LGSS (Art. 198.3 de la LGSS) (ver *supra*). Así, las personas con este grado de incapacidad permanente reconocida que accedan a la jubilación podrán compatibilizar el percibo de la pensión con un trabajo a tiempo parcial en los términos que reglamentariamente se establezcan. Durante dicha situación, se minorará el percibo de la pensión en proporción inversa a la reducción aplicable a la jornada de trabajo del pensionista en relación a la de un trabajador a tiempo completo comparable.

31. LA REGLA GENERAL DE LA INCOMPATIBILIDAD DE LAS PENSIONES E INDEMNIZACIONES SUSTITUTIVAS POR INCAPACIDAD PERMANENTE TOTAL, ABSOLUTA O GRAN INVALIDEZ CON OTRAS PENSIONES

Las pensiones por incapacidad permanente total, absoluta o gran invalidez del Régimen General serán incompatibles con otras pensiones del Régimen General cuando coincidan en un mismo beneficiario, a no ser que expresamente se disponga lo contrario, legal o reglamentariamente (Art. 163.1 de la LGSS).

En el caso de que se cause derecho a una nueva pensión que resulte incompatible con la que se viniera percibiendo, la entidad gestora iniciará el pago o, en su caso, continuará con el abono de la pensión de mayor cuantía, en términos anuales, con suspensión de la pensión que conforme a lo anterior corresponda. No obstante, el interesado podrá solicitar que se revoque dicho acuerdo y optar por percibir la pensión suspendida. Esta opción producirá efectos económicos a partir del día primero del mes siguiente a la solicitud (Art. 163.1 de la LGSS).

El régimen de incompatibilidad anterior será también aplicable a la indemnización a tanto alzado sustitutiva de la pensión de incapacidad permanente total prevista en el Art. 196.2 de la LGSS (Art. 163.2 de la LGSS).

Las incompatibilidades anteriores no rigen entre pensiones por incapacidad otorgadas por distintos Regímenes de Seguridad Social, interpretando *sensu contrario* lo dispuesto en el Art. 163.1 de la LGSS.

Desde luego, la prestación económica por incapacidad permanente parcial, al no tratarse de una pensión sino de una cantidad a tanto alzado, será compatible con cualquier subsidio o pensión de la Seguridad Social, incluida la pensión de jubilación (por todas, STS de 24 de febrero de 1998, Rec, 3587/11997).

IV.1.1.3. El régimen de las incompatibilidades de la pensión de viudedad

32. LA COMPATIBILIDAD DE LA PENSIÓN DE VIUDEDAD CON EL TRABAJO

La pensión vitalicia de viudedad es compatible con cualesquiera rentas de trabajo del beneficiario, por cuenta propia o por cuenta ajena (Arts. 223.1 de la LGSS y 10 de la Orden de 13 de febrero de 1967, por la que se establecen normas para la aplicación y desarrollo de las prestaciones de muerte y supervivencia del Régimen General de la Seguridad Social).

33. LA COMPATIBILIDAD DE LA PENSIÓN DE VIUDEDAD CON OTRAS PRESTACIONES DE LA SEGURIDAD SOCIAL

La pensión de viudedad, causada en las condiciones establecidas en el Art. 219.1.2 de la LGSS, incluido el supuesto de las parejas de hecho, será incompatible con el reconocimiento de otra pensión de viudedad, en cualquiera de los Regímenes de la Seguridad Social, salvo que las cotizaciones acreditadas en cada uno de los Regímenes se superpongan, al menos, durante quince años (Art. 223.2 de la LGSS), si bien en la cuantía límite que establezca anualmente la Ley de Presupuestos Generales del Estado.

La pensión de viudedad es compatible con la pensión de jubilación y con la pensión por incapacidad permanente a las que tuviera derecho (Art. 10 de la OM de 13 de febrero de 1967,).

El mismo régimen de compatibilidades se aplica a las prestaciones temporales de viudedad a que se refiere el Art. 222 de la LGSS (*"Cuando el cónyuge o la pareja de hecho superviviente no pueda acceder al derecho a pensión de viudedad por no acreditar, respectivamente, que su matrimonio con el causante ha tenido una duración de un año en los términos del Art. 219.2, o por la inexistencia de hijos comunes, o que su inscripción como pareja de hecho en alguno de los registros específicos existentes en las comunidades autónomas o ayuntamientos del lugar de residencia o su constitución mediante documento público se han producido con una antelación mínima de dos años respecto de la fecha del fallecimiento del causante, pero concurran el resto de requisitos enumerados en el Art. 219, tendrá derecho a una prestación temporal en cuantía igual a la de la pensión de viudedad que le hubiera correspondido y con una duración de dos años")* (Arts. 223.3 de la LGSS y 14 de la OM de 13 de febrero de 1967).

IV.1.1.4. El régimen de las incompatibilidades de las prestaciones económicas por orfandad

34. LA COMPATIBILIDAD DE LA PENSIÓN DE ORFANDAD CON EL TRABAJO

La pensión de orfandad será compatible con cualquier renta del trabajo, por cuenta propia o por cuenta ajena, de quien sea o haya sido cónyuge del causante, o del propio huérfano, así como, en su caso, con la pensión de viudedad que aquél perciba. (Arts. 225.1 de la LGSS y 19.1 de la Orden de 13 de febrero de 1967).

35. LA COMPATIBILIDAD DE LA PENSIÓN DE ORFANDAD CON OTRAS PRESTACIONES ECONÓMICAS DE LA SEGURIDAD SOCIAL

La pensión de orfandad será incompatible con el reconocimiento de otra pensión de orfandad, en cualquiera de los Regímenes de la Seguridad Social, salvo que las cotizaciones acreditadas en cada uno de los regímenes se superpongan, al menos, durante quince años, salvo que el fallecimiento se hubiera producido como consecuencia de violencia contra la mujer, en los términos en que se defina por la ley o por los instrumentos internacionales ratificados por España, en cuyo caso será compatible con el reconocimiento de otra pensión de orfandad en cualquiera de los regímenes de Seguridad Social (Arts. 223.1 y 225.1 de la LGSS).

Los huérfanos incapacitados para el trabajo con derecho a pensión de orfandad, cuando perciban otra pensión de la Seguridad Social en razón a la misma incapacidad, podrán optar entre una u otra. Cuando el huérfano haya sido declarado incapacitado para el trabajo con anterioridad al cumplimiento de la edad de dieciocho años, la pensión de orfandad que viniera percibiendo será compatible con la de incapacidad permanente que pudiera causar, después de los dieciocho años, como consecuencia de unas lesiones distintas a las que dieron lugar a la pensión de orfandad, o en su caso, con la pensión de jubilación que pudiera causar en virtud del trabajo que realice por cuenta propia o ajena (Arts. 225.2 de la LGSS y 19.2 de la Orden de 13 de febrero de 1967).

La ley establece que reglamentariamente se determinarán los efectos de la concurrencia en los mismos beneficiarios de pensiones de orfandad causadas por el padre y la madre (Art. 225.3 de la LGSS). El Art. 17 de la Orden de 13 de febrero de 1967 establece en este sentido que en el supuesto de que concurran en los mismos beneficiarios pensiones de orfandad causadas por el padre y la madre, dichas pensiones serán compatibles entre sí, si bien las cuantías mínimas y los incrementos de las mismas solamente se aplicarán a las pensiones que provengan de uno de los causantes (Art. 17 de la Orden de 13 de febrero de 1967).

IV.1.1.5. El régimen de las incompatibilidades de las prestaciones económicas derivadas de la supervivencia en favor de familiares

36. LA COMPATIBILIDAD DE LAS PRESTACIONES ECONÓMICAS DERIVADAS DE LA SUPERVIVENCIA DE EN FAVOR DE FAMILIARES CON EL TRABAJO

Las pensiones en favor de familiares derivadas de la supervivencia (el subsidio temporal y las indemnizaciones a tanto alzado por muerte y supervivencia) serán compatibles con cualesquiera rentas del trabajo, por cuenta propia o por cuenta ajena (Arts. 223.1 y 226.5 de la LGSS).

37. LA INCOMPATIBILIDAD DE LAS PRESTACIONES ECONÓMICAS DERIVADAS DE LA SUPERVIVENCIA EN FAVOR DE FAMILIARES CON OTRAS PRESTACIONES DE LA SEGURIDAD SOCIAL

La pensión en favor de familiares será incompatible con el reconocimiento de otra pensión en favor de familiares, en cualquiera de los Regímenes de la Seguridad Social, salvo que las cotizaciones acreditadas en cada uno de los regímenes se superpongan, al menos, durante quince años (Arts. 223.1 y 226.5 de la LGSS).

IV.1.1.6. El régimen de las incompatibilidades de las prestaciones por desempleo

38. LA INCOMPATIBILIDAD DE LAS PRESTACIONES ECONÓMICAS POR DESEMPLEO Y EL TRABAJO POR CUENTA PROPIA Y SUS EXCEPCIONES.

La prestación y el subsidio por desempleo serán incompatibles con el trabajo por cuenta propia, aunque su realización no implique la inclusión obligatoria en alguno de los Regímenes de la Seguridad Social o en alguna mutualidad de previsión social alternativa al Régimen Especial de la Seguridad Social de los Trabajadores por Cuenta Propia o Autónomos. (Arts. 282.1 de la LGSS y 15.1 b) del RD 625/1985, de 2 de abril, por el que se desarrolla la Ley 31/1984, de 2 de agosto, de Protección por Desempleo), si bien no se han considerado incompatibles jurisprudencialmente las siguientes actividades: las labores agrarias *"orientadas al autoconsumo"* (STS de 27 de abril de 2015, Rec. 1881/2014) y la actividad marginal de mediación comercial (STS de 5 de abril de 2017, Rec. 1066/2016).

Cuando no fuera posible cuantificar el número de días a los que se extiende la actividad por cuenta propia desarrollada, *"se estará a los declarados y acreditados documentalmente por el trabajador" y, de no poder acreditarse, "se estará al que resulte de dividir las percepciones íntegras derivadas de la actividad entre el importe de la base máxima de cotización"* (Art. 6 bis del RD 625/1985, de 2 de abril).

Cuando así lo establezca algún programa de fomento al empleo destinado a colectivos con dificultad de inserción en el mercado de trabajo, se podrá compatibilizar la percepción de la prestación contributiva por desempleo pendiente de percibir con el trabajo por cuenta propia, en cuyo caso la entidad gestora podrá abonar al trabajador el importe mensual de la prestación en la cuantía y duración que se determinen, sin incluir la cotización a la Seguridad Social (Art. 282.7 de la LGSS).

39. LA INCOMPATIBILIDAD DE LAS PRESTACIONES ECONÓMICAS POR DESEMPLEO Y EL TRABAJO POR CUENTA AJENA Y SUS EXCEPCIONES

La prestación por desempleo será incompatible con el trabajo por cuenta ajena, excepto cuando éste se realice a tiempo parcial y se haya solicitado la compatibilidad por el trabajador, en cuyo caso se deducirá del importe de la prestación, la parte proporcional al tiempo trabajado (Art. 282.2 de la LGSS).

Si la compatibilidad se solicita dentro de los quince días hábiles siguientes a la fecha de inicio de la relación laboral, se aplicará desde dicha fecha. En caso contrario se aplicará desde la fecha de la solicitud, siempre que ésta se presente antes de que transcurran doce meses desde la fecha de inicio de la relación laboral (Art. 282.2 de la LGSS).

La deducción se efectuará además de cuando el trabajador esté percibiendo la prestación por desempleo como consecuencia de la pérdida de un trabajo a tiempo completo o parcial y obtenga un nuevo trabajo a tiempo parcial, cuando tenga varios contratos a tiempo parcial y pierda uno de ellos (Art. 282.2 de la LGS).

Quienes accedan al subsidio por desempleo manteniendo uno o varios contratos a tiempo parcial así como quienes siendo beneficiarios del mismo inicien una relación laboral a tiempo completo o parcial, compatibilizarán el subsidio como complemento de apoyo al empleo conforme a lo previsto en este artículo (Art. 282.3 de la LGSS).

El régimen jurídico del complemento de apoyo al empleo es el siguiente (Art. 282.3 de la LGSS):

a) La cuantía del complemento de apoyo al empleo se determinará, cada trimestre, en función de la jornada pactada al inicio de la compatibilización y del trimestre en que se encuentre en cada momento el perceptor del complemento de apoyo respecto al inicio del subsidio conforme a la tabla establecida en el Art. 282.3 de la LGSS).

b) Las situaciones de pluriempleo y modificaciones de jornada sobrevenidas tras la determinación de la cuantía del complemento de apoyo al empleo no producirán ningún efecto sobre la misma.

c) El complemento de apoyo al empleo se percibirá mientras se mantenga la relación laboral que lo originó. Durante su percepción, con independencia del porcentaje aplicado, se consumirán tantos días de la duración del subsidio como los días percibidos en concepto de complemento de apoyo al empleo.

d) Su duración máxima será de ciento ochenta días, que podrán percibirse en uno o sucesivos periodos de compatibilidad, con el límite del número de días que restasen por percibir de la duración máxima del subsidio reconocido. Llegado al límite anterior o agotada la duración máxima del subsidio, este quedará suspendido por realización de un trabajo por cuenta ajena y sujeto a las condiciones generales de reanudación por esta causa o extinguido por agotamiento, respectivamente.

e) La extinción o suspensión de la relación laboral, o la interrupción de la actividad fija discontinua que haya originado el complemento de apoyo al empleo, deberá ser comunicada a la entidad gestora por el beneficiario, en el plazo de los quince días hábiles siguientes, e implicará la suspensión del subsidio, que podrá reanudarse sin compatibilidad previa solicitud del interesado siempre que acredite situación legal de desempleo e inscripción como demandante de empleo y que cumpla los requisitos de carencia de rentas o de responsabilidades familiares.

No obstante, si en la fecha de extinción o suspensión de dicha relación laboral, o de interrupción de la actividad, se mantuviera otra, se podrá seguir percibiendo el complemento de apoyo al empleo según lo regulado en este apartado, previo ajuste de su cuantía considerando la jornada ordinaria de trabajo pactada y el trimestre en que se encuentre el subsidio en el momento de surtir efectos la variación.

No se podrá compatibilizar el subsidio con el desempeño de un empleo por cuenta ajena cuando la contratación sea efectuada por (Art. 282.3 de la LGSS):

a) Empresas que tengan autorizado expediente de regulación de empleo en el momento de la contratación.

b) Empresas en las que el desempleado beneficiario del subsidio haya trabajado en los últimos doce meses anteriores.

c) Respecto de las relaciones laborales suspendidas en virtud de expediente de regulación de empleo o del Mecanismo RED, ni cuando se trate de contrataciones que afecten al cónyuge, ascendientes, descendientes y demás parientes por consanguinidad o afinidad, o en su caso por adopción, hasta el segundo grado inclusive, del empresario o de quienes ostenten cargos de dirección o sean miembros de los órganos de administración de las entidades o de las empresas que revistan la forma jurídica de sociedad, así como las que se produzcan con estos últimos.

39 bis. EL NUEVO RÉGIMEN DE COMPATIBILIDAD DE LAS PRESTACIONES CONTRIBUTIVAS POR DESEMPLEO NACIDAS A PARTIR DEL 1 DE ABRIL DE 2025

La Disposición adicional quincuagésima novena de la LGSS, introducida por el Real Decreto- Ley 2/2024, de 21 de mayo, establece un nuevo régimen de compatibilidad aplicable a las prestaciones por desempleo:

1°) Las prestaciones contributivas por desempleo nacidas a partir del 1 de abril de 2025 cuyo periodo reconocido de derecho fuera superior a doce meses, una vez devengados los primeros nueve meses, serán compatibles con el trabajo por cuenta ajena a tiempo completo y a tiempo parcial en la misma forma, condiciones y efectos previstos para el subsidio por desempleo en el Art. 282.3 de la LGSS, con las particularidades previstas en esta disposición.

El beneficiario podrá desistir de la aplicación de la compatibilidad presentando solicitud al efecto. Si dicha solicitud se presenta en el plazo de los quince días hábiles siguientes a la efectividad del complemento de apoyo al empleo por inicio de la relación laboral o por inicio del décimo mes de devengo de la prestación manteniendo uno o varios contratos a tiempo parcial, la prestación quedará suspendida por realizar un trabajo por cuenta ajena a tiempo completo o a tiempo parcial desde la fecha de inicio de dicho trabajo o desde el inicio del décimo mes de devengo. Solicitada fuera de dicho plazo, la prestación se suspenderá desde la fecha en que se solicite. En ambos casos, una vez suspendida la prestación, quedará sujeta a las condiciones generales de reanudación por colocación, sin posibilidad de compatibilizar la misma, a partir de entonces, con el trabajo a tiempo parcial conforme a lo previsto en el Art. 282.2 de la LGSS.

2°) Las prestaciones contributivas por desempleo nacidas antes del 1 de abril de 2025, cuyo periodo de derecho fuera superior a doce meses, a partir de dicha fecha, y una vez devengados los primeros nueve meses, serán compatibles con el trabajo por cuenta ajena a tiempo completo, en la misma forma, condiciones y efectos previstos para el subsidio por desempleo en el Art. 282, apartado 3 de la LGSS, con las particularidades previstas en esta disposición, y previa solicitud del beneficiario. Presentada la solicitud en el plazo de los quince días hábiles siguientes al inicio de la relación laboral, se percibirá el complemento de apoyo al empleo desde el inicio de la relación laboral. Presentada la solicitud fuera de dicho plazo, producirá efectos desde la fecha de presentación de la solicitud.

3°) La cuantía y duración del complemento de apoyo al empleo aplicable a las prestaciones contributivas, se determinará de acuerdo con la tabla establecida en la Disposición Adicional quincuagésima novena de la LGSS.

4°) Para la determinación de la duración máxima se tendrá en cuenta el mes de prestación en que se inicie la compatibilización. La cuantía del complemento de apoyo al empleo se determinará, cada mes a partir del decimotercer mes, en función de la jornada pactada al inicio de la compatibilización y del mes en que se encuentre en cada momento el perceptor del complemento de apoyo conforme a la tabla anterior.

5°) El acceso al subsidio previsto en el Art.274.1.a) o en el Art. 280 e la LGSS como consecuencia del agotamiento de prestaciones por desempleo reconocidas a partir de 1 de abril de 2025, se entenderá, a efectos de determinación de la cuantía inicial del complemento de apoyo al empleo, como una continuación de la citada prestación. Así, para quien acceda a estos subsidios después de haber agotado una prestación por desempleo de más de doce meses, la cuantía del complemento de apoyo al empleo por compatibilidad con empleo a tiempo completo y a tiempo parcial se determinará de acuerdo con la tabla del Art. 282.3 de la LGSS, considerándose como referencia temporal el número de meses transcurridos en cada momento a partir del decimotercer mes de prestación.

6°) La prestación contributiva por desempleo será incompatible con el trabajo por cuenta ajena cuando el salario bruto mensual sea superior al 375 por ciento del IPREM en la forma que se establezca reglamentariamente.

7°) El complemento de apoyo al empleo como compatibilidad de la prestación contributiva tendrá a todos los efectos naturaleza jurídica de prestación por desempleo de nivel contributivo.

8°) Durante el periodo de percepción del complemento de apoyo al empleo por colocación a tiempo completo compatible con la prestación y el subsidio por desempleo, la entidad gestora no ingresará cotizaciones a la Seguridad Social. Cuando este complemento sea compatible con una colocación a tiempo parcial, la entidad gestora cotizará reduciendo la base de cotización de forma proporcional al tiempo trabajado.

El régimen de compatibilidad como complemento de apoyo al empleo de los subsidios para emigrantes retornados y para víctimas de violencia de género o sexual, regulados en las disposiciones adicionales quincuagésima séptima y quincuagésima octava, con el trabajo por cuenta ajena será de aplicación a partir de 1 de junio de 2025. En el periodo desde el 1 de noviembre de 2024 hasta el 31 de mayo de 2025 ambos subsidios serán incompatibles con el trabajo por cuenta ajena, excepto cuando este se realice a tiempo parcial y se haya reconocido la compatibilidad por cumplir su beneficiario todos los requisitos exigidos para ello, en cuyo caso se deducirá de su importe la parte proporcional al tiempo trabajado. Esta deducción se efectuará además de cuando se acceda al subsidio manteniendo un contrato a tiempo parcial, cuando se esté percibiendo el subsidio y se obtenga un trabajo a tiempo parcial. En este último caso, si la compatibilidad se solicita dentro de los quince días hábiles siguientes a la fecha de inicio de la relación laboral, se aplicará desde dicha fecha, y si se solicita una vez transcurrido dicho plazo, se aplicará desde la fecha de la solicitud (Disposición Transitoria cuadragésimocuarta de la LGSS).

40. LA INCOMPATIBILIDAD DE LAS PRESTACIONES ECONÓMICAS POR DESEMPLEO CON LAS PRESTACIONES ECONÓMICAS CONTRIBUTIVAS DE LA SEGURIDAD SOCIAL

Con carácter general, la prestación y el subsidio por desempleo, serán incompatibles con la obtención de prestaciones contributivas de carácter económico de la Seguridad Social, salvo que éstas hubieran sido compatibles con el trabajo que originó la prestación o el subsidio (Art. 282.1 de la LGSS).

41. LA COMPATIBILIDAD DE LAS PRESTACIONES ECONÓMICAS POR DESEMPLEO CON LAS RENTAS MÍNIMAS, SALARIOS SOCIALES Y AYUDAS DE ASISTENCIA SOCIAL

La prestación y el subsidio serán compatibles con la percepción de cualquier tipo de rentas mínimas, salarios sociales o ayudas análogas de asistencia social concedidas por cualquier Administración Pública (Art. 282.4 de la LGSS).

42. LA COMPATIBILIDAD DE LAS PRESTACIONES ECONÓMICAS POR DESEMPLEO CON ACTIVIDADES FORMATIVAS

La prestación y el subsidio serán compatibles con la realización de prácticas formativas, prácticas académicas externas incluidas en programas de formación profesional o programas de formación en el trabajo (Art. 282.5 de la LGS).

43. LA INCOMPATIBILIDAD DE LAS PRESTACIONES ECONÓMICAS POR DESEMPLEO Y LAS MEDIDAS DE PROTECCIÓN SOCIAL DE LAS PERSONAS TRABAJADORAS AFECTADAS POR EL MECANISMO RED Y POR ERES

Las prestaciones y el subsidio por desempleo regulados en el título III y en las disposiciones adicionales quincuagésima séptima y quincuagésima octava, son incompatibles con las medidas de protección social previstas en la disposición adicional cuadragésima primera y cuadragésima sexta de la misma, dirigidas, respectivamente, a las personas trabajadoras afectadas por el Mecanismo RED y por expedientes de regulación temporal de empleo autorizados con base en lo previsto en el Art. 47.5 y 6 del ET (Art. 282.6 de la LGSS).

44. LA COMPATIBILIDAD DE LAS PRESTACIONES ECONÓMICAS POR DESEMPLEO Y EL SUBSIDIO POR INCAPACIDAD TEMPORAL

Los distintos supuestos que pueden plantearse son los siguientes:

a) Cuando el trabajador se encuentre en situación de incapacidad temporal derivada de contingencias comunes y durante la misma se extinga su contrato, seguirá percibiendo la prestación por incapacidad temporal en cuantía igual a la prestación por desempleo hasta que se extinga dicha situación, pasando entonces a la situación legal de desempleo en el supuesto de que la extinción se haya producido por alguna de las causas previstas en el Art. 267.1 de la LGSS y a percibir, si reúne los requisitos necesarios, la prestación por desempleo contributivo que le corresponda de haberse iniciado la percepción de la misma en la fecha de extinción del contrato de trabajo, o el subsidio por desempleo. En tal caso, se descontará del período de percepción de la prestación por desempleo, como ya consumido, el tiempo que hubiera permanecido en la situación de incapacidad temporal a partir de la fecha de la extinción del contrato de trabajo.

   La entidad gestora de las prestaciones por desempleo efectuará las cotizaciones a la Seguridad Social conforme a lo previsto en el Art. 265.1.a) 2.º de la LGSS, asumiendo en este caso la aportación que corresponde al trabajador en su totalidad por todo el período que se descuente como consumido, incluso cuando no se haya solicitado la prestación por desempleo y sin solución de continuidad se pase a una situación de incapacidad permanente o jubilación, o se produzca el fallecimiento del trabajador que dé derecho a prestaciones de muerte y supervivencia (Art. 283.1 de la LGSS).

b) Cuando el trabajador se encuentre en situación de incapacidad temporal derivada de contingencias profesionales y durante la misma se extinga su contrato de trabajo, seguirá percibiendo la prestación por incapacidad temporal, en cuantía igual a la que tuviera reconocida, hasta que se extinga dicha situación, pasando entonces, en su caso, a la situación legal de desempleo en el supuesto de que la extinción se haya producido por alguna de las causas previstas en el Art. 267.1 de la LGSS, y a percibir, si reúne los requisitos necesarios, la correspondiente prestación por desempleo sin que, en este caso, proceda descontar del período de percepción de la misma el tiempo que hubiera permanecido en situación de incapacidad temporal tras la extinción del contrato, o el subsidio por desempleo (Art. 283.1 de la LGSS).

c) Cuando el trabajador esté percibiendo la prestación de desempleo total y pase a la situación de incapacidad temporal que constituya recaída de un proceso anterior iniciado durante la vigencia de un contrato de trabajo, percibirá la prestación por esta contingencia en cuantía igual a la prestación por desempleo. En este caso, y en el supuesto de que el trabajador continuase en situación de incapacidad temporal una vez finalizado el período de duración establecido inicialmente para la prestación por desempleo, seguirá percibiendo la prestación por incapacidad temporal en la misma cuantía en la que la venía percibiendo (Art. 283.2 de la LGSS).

d) Cuando el trabajador esté percibiendo la prestación de desempleo total y pase a la situación de incapacidad temporal que no constituya recaída de un proceso anterior iniciado durante la vigencia de un contrato de trabajo, percibirá la prestación por esta contingencia en cuantía igual a la prestación por desempleo. En este caso, y en el supuesto de que el trabajador continuase en situación de incapacidad temporal una vez finalizado el período de duración establecido inicialmente para la prestación por desempleo, seguirá percibiendo la prestación por incapacidad temporal en cuantía igual al 80 por ciento del indicador público de rentas de efectos múltiples mensual (Art. 283.2 de la LGSS).

e) Lo establecido en los apartados anteriores será de aplicación a los trabajadores fijos discontinuos durante los periodos de inactividad productiva (Art. 283.3 de la LGSS).

El período de percepción de la prestación por desempleo no se ampliará por la circunstancia de que el trabajador pase a la situación de incapacidad temporal. Durante dicha situación, la entidad gestora de las prestaciones por desempleo continuará satisfaciendo las cotizaciones a la Seguridad Social conforme a lo previsto en el Art.265.1.a).2.º de la LGSS(Art. 283.2 de la LGSS).

45. EL RÉGIMEN DE LAS COMPATIBILIDADES ENTRE LA PRESTACIÓN POR DESEMPLEO Y EL NACIMIENTO Y CUIDADO DE MENOR

Cuando el trabajador se encuentre en situación de nacimiento, adopción, guarda con fines de adopción o acogimiento y durante las mismas pase a estar incluido en alguno de los supuestos previstos en el Art. 267.1 de la LGSS seguirá percibiendo la correspondiente prestación hasta que se extingan dichas situaciones, pasando entonces a la situación legal de desempleo y a percibir, si reúne los requisitos necesarios, la prestación por desempleo. En este caso no se descontará del período de percepción de la prestación por desempleo de nivel contributivo el tiempo que hubiera permanecido en situación de nacimiento, adopción, guarda con fines de adopción o acogimiento (Art. 284.1 de la LGSS).

Cuando el trabajador esté percibiendo la prestación por desempleo total y pase a la situación de nacimiento, adopción, guarda con fines de adopción o acogimiento percibirá la prestación por estas últimas contingencias en la cuantía que corresponda. En este supuesto se le suspenderá la prestación por desempleo y la cotización a la Seguridad Social prevista en el Art. 265.1.a).2.º de la LGSS y pasará a percibir la prestación correspondiente a su situación, gestionada directamente por su entidad gestora. Una vez extinguida esta, se reanudará la prestación por desempleo, en los términos recogidos en el Art. 271.4.b) de la LGSS por la duración que restaba por percibir y la cuantía que correspondía en el momento de la suspensión (Art. 284.2 de la LGSS).

IV.1.2. El régimen de las incompatibilidades de los subsidios por incapacidad temporal

46. LA INCOMPATIBILIDAD DEL SUBSIDIO POR INCAPACIDAD TEMPORAL CON EL TRABAJO

El subsidio por incapacidad temporal debida a enfermedad común o profesional y a accidente, sea o no de trabajo, a la situación especial de la mujer en caso de menstruación incapacitante secundaria, a la interrupción del embarazo, voluntaria o no, a la gestación de la mujer trabajadora y a los períodos de observación por enfermedad profesional será lógicamente incompatible con todo tipo de trabajo, por cuenta propia o por cuenta ajena (Arts. 169.1 y 175.1 b) de la LGSS).

47. LA INCOMPATIBILIDAD DE LA PRESTACIÓN ECONÓMICA POR RIESGO DURANTE EL EMBARAZO CON EL TRABAJO

La prestación económica por riesgo durante el embarazo con el trabajo nacerá el día en que se inicie la suspensión del contrato de trabajo y finalizará el día anterior a aquel en que se inicie la suspensión del contrato de trabajo por maternidad o al de reincorporación de la mujer trabajadora a su puesto de trabajo anterior o a otro compatible con su estado (Art. 187.2 de la LGSS).

48. LA INCOMPATIBILIDAD DE LA PRESTACIÓN ECONÓMICA POR RIESGO DURANTE LA LACTANCIA NATURAL

La prestación económica por riesgo durante la lactancia natural se extinguirá en el momento en que el hijo cumpla nueve meses, salvo que la beneficiaria se haya reincorporado con anterioridad a su puesto de trabajo anterior o a otro compatible con su situación, en cuyo caso se extinguirá el día anterior al de dicha reincorporación (Art. 189 de la LGSS).

49. LA INCOMPATIBILIDAD DEL SUBSIDIO POR NACIMIENTO Y CUIDADO DEL MENOR CON EL TRABAJO

El derecho al subsidio por el nacimiento, la adopción, la guarda con fines de adopción, el acogimiento familiar y el cuidado de menor podrá ser denegado, anulado o suspendido, cuando el beneficiario trabajara por cuenta propia o ajena durante los correspondientes períodos de descanso (Art. 180 de la LGSS).

50. LA INCOMPATIBILIDAD DEL SUBSIDIO POR EL POR EJERCICIO CORRESPONSABLE DEL CUIDADO DEL LACTANTE

El subsidio por el ejercicio corresponsable del cuidado del lactante podrá ser denegado, anulado o suspendido, cuando el beneficiario trabajara por cuenta propia o ajena durante los correspondientes períodos de descanso (Arts. 180 y 184.1 de la LGSS).

51. LA INCOMPATIBILIDAD DEL SUBSIDIO POR CUIDADO DE MENORES AFECTADOS POR CÁNCER U OTRA ENFERMEDAD GRAVE CON EL TRABAJO

El derecho al subsidio por cuidado de menores afectados por cáncer u otra enfermedad grave podrá ser denegado, anulado o suspendido, cuando el beneficiario trabajase por cuenta propia o ajena durante los correspondientes períodos de descanso (Arts. 180 y 191.1 de la LGSS).

IV.2. EL RÉGIMEN DE LAS INCOMPATIBILIDADES DE LAS PRESTACIONES NO CONTRIBUTIVAS DE LA SEGURIDAD SOCIAL

52. LA COMPATIBILIDAD DE LA PENSIÓN DE INVALIDEZ NO CONTRIBUTIVA CON EL TRABAJO

Las pensiones de invalidez no contributivas no impedirán el ejercicio de aquellas actividades, sean o no lucrativas, compatibles con el estado del inválido, y que no representen un cambio en su capacidad de trabajo (Art. 366 de la LGSS).

En el caso de personas que con anterioridad al inicio de una actividad lucrativa vinieran percibiendo pensión de invalidez en su modalidad no contributiva, durante los cuatro años siguientes al inicio de la actividad, la suma de la cuantía de la pensión de invalidez y de los ingresos obtenidos por la actividad desarrollada no podrá ser superior, en cómputo anual, al importe, también en cómputo anual, de la suma del indicador público de renta de efectos múltiples, excluidas las pagas extraordinarias y la pensión de invalidez no contributiva vigentes en cada momento. En caso de exceder de dicha cuantía, se minorará el importe de la pensión en la cuantía que resulte necesaria para no sobrepasar dicho límite. Esta reducción no afectará al complemento previsto en el Art. 344.6 de la LGSS para la gran invalidez (Art.366 de la LGSS).

53. LA INCOMPATIBILIDAD DE LA PENSIÓN DE JUBILACIÓN NO CONTRIBUTIVA CON EL TRABAJO

La pensión de jubilación no contributiva es incompatible con el trabajo por cuenta ajena o por cuenta propia del beneficiario de la pensión, dado el carácter subsidiario de este tipo de prestaciones.

En este sentido, señala el Art. 369 de la LGSS que *"tendrán derecho a la pensión de jubilación en su modalidad no contributiva las personas que, habiendo cumplido sesenta y cinco años de edad, carezcan de rentas o ingresos en cuantía superior a los límites establecidos en el Art. 363, residan legalmente en territorio español y lo hayan hecho durante diez años entre la edad de dieciséis años y la edad de devengo de la pensión, de los cuales dos deberán ser consecutivos e inmediatamente anteriores a la solicitud de la prestación. Las rentas e ingresos propios, así como los ajenos computables por razón de convivencia en una misma unidad económica, y la residencia en territorio español condicionan tanto el derecho a pensión como la conservación de la misma y, en su caso, su cuantía".*

54. LA INCOMPATIBILIDAD DE LAS PENSIONES DE INVALIDEZ Y DE JUBILACIÓN NO CONTRIBUTIVAS CON OTRAS PRESTACIONES ANÁLOGAS

Las pensiones de invalidez y de jubilación no contributivas de la Seguridad Social son incompatibles entre sí y con las correspondientes pensiones contributivas, esto es, no podrán disfrutarse simultáneamente (Art. 363.5 de la LGSS).

Las pensiones de invalidez y de jubilación no contributivas de la Seguridad Social son incompatibles con la percepción de las pensiones asistenciales, reguladas en la Ley 45/1960,de 21 de julio, por la que se crean determinados Fondos Nacionales para la aplicación social del Impuesto y del Ahorro, y suprimidas por la Ley 28/1992, de 24 de noviembre, de Medidas Presupuestarias Urgentes, así como de los subsidios de garantía de ingresos mínimos y por ayuda de tercera persona, a que se refieren el Art. 8.3 y la disposición transitoria única del texto refundido de la Ley General de derechos de las personas con discapacidad y de su inclusión social, aprobado por Real Decreto Legislativo 1/2013, de 29 de noviembre (Disposición transitoria vigésimocuarta de la LGSS y Art. 18 del RD 357/1991).

55. LAS INCOMPATIBILIDADES DE LAS PRESTACIONES FAMILIARES NO CONTRIBUTIVAS DE LA SEGURIDAD SOCIAL CON OTRAS PRESTACIONES ANÁLOGAS

Las prestaciones familiares de la Seguridad Social no contributivas[5] serán incompatibles con la percepción, por parte del padre o la madre, de cualquier otra prestación análoga establecida en los

---

[5] Son prestaciones familiares de la Seguridad Social no contributiva las siguientes (Art. 351 de la LGSS):

a) Una asignación económica por cada hijo menor de dieciocho años de edad y afectado por una discapacidad en un grado igual o superior al 33 por ciento, o mayor de dicha edad cuando el grado de discapacidad sea igual o superior al 65 por ciento, a cargo del beneficiario, cualquiera que sea la naturaleza legal de la filiación, así como por los menores a su cargo restantes regímenes públicos de protección social (Art. 361.2 de la LGSS y RD 1335/2005, de 11 de noviembre).

En los supuestos en que uno de los padres esté incluido, en razón de la actividad desempeñada o por su condición de pensionista, en un régimen público de Seguridad Social, la prestación correspondiente será reconocida por dicho régimen (Art. 361.2 de la LGSS).

La percepción de las asignaciones económicas por hijo a cargo será incompatible con la condición, por parte del hijo, de pensionista de invalidez o jubilación en la modalidad no contributiva (Art. 361.3 de la LGSS).

Las asignaciones económicas por hijo con discapacidad a cargo, establecidas en el Art. 353.2. b) y c) de la LGSS, serán incompatibles con la condición, por parte del hijo con discapacidad, de beneficiario de las pensiones asistenciales, reguladas en la Ley 45/1960, de 21 de julio, y suprimidas por la Ley 28/1992, de 24 de noviembre, o de los subsidios de garantía de ingresos mínimos y por ayuda de tercera persona, a que se refieren el Art. 8.3 y la disposición transitoria única del texto refundido de la Ley General de derechos de las personas con discapacidad y de su inclusión social (Disposición transitoria vigésimocuarta de la LGSS y Art. 18 del RD 357/1991).

---

en régimen de acogimiento familiar permanente o guarda con fines de adopción, que cumplan los mismos requisitos.

b) Una prestación económica de pago único a tanto alzado por nacimiento o adopción de hijo, en supuestos de familias numerosas, monoparentales y en los casos de madres o padres con discapacidad.

c) Una prestación económica de pago único por parto o adopción múltiples.

V. El régimen de las incompatibilidades de las prestaciones económicas de la asistencia social

V.1. El régimen de las incompatibilidades del ingreso mínimo vital

56. EL RÉGIMEN JURÍDICO DE LAS INCOMPATIBILIDADES DEL INGRESO MÍNIMO VITAL CON LA ASIGNACIÓN ECONÓMICA POR HIJO O MENOR A CARGO

El Art. 16 del RDL 20/2020 declara expresamente incompatible al ingreso mínimo vital con la percepción de la asignación económica por hijo o menor acogido a cargo, sin discapacidad o con discapacidad inferior al 33 por ciento, cuando exista identidad de causantes o beneficiarios de esta.

En el supuesto de que la cuantía de la prestación de ingreso mínimo vital sea superior a la de la asignación económica anterior por hijo o menor a cargo se reconocerá el derecho a la prestación de ingreso mínimo vital. Dicho reconocimiento extinguirá el derecho a la asignación por hijo o menor a cargo.

En el supuesto de que la cuantía de la prestación de ingreso mínimo vital sea inferior a la de la asignación económica por hijo o menor a cargo, y el interesado optara por la primera, su reconocimiento extinguirá el derecho a la asignación económica por hijo o menor a cargo. Si optara por la asignación económica por hijo o menor a cargo, se denegará por esta causa la solicitud de la prestación de ingreso mínimo vital.

La Disposición Transitoria Séptima del Real Decreto-Ley establece:

1°) A partir de la entrada en vigor del RDL (el 1 de junio de 2020), no será posible presentar nuevas solicitudes para la asignación económica por hijo o menor a cargo sin discapacidad o con discapacidad inferior al 33 por ciento del sistema de la Seguridad Social, que quedará a extinguir. No obstante, los beneficiarios de la prestación económica transitoria de ingreso mínimo vital que a 31 de diciembre de 2020 no cumplan los requisitos para ser beneficiarios del ingreso mínimo vital podrán ejercer el derecho de opción para volver a la asignación económica por hijo o menor a cargo del sistema de la Seguridad Social.

2°) A la fecha de entrada en vigor del RDL, los beneficiarios de la asignación económica por cada hijo o menor a cargo sin discapacidad o con discapacidad inferior al 33 por ciento continuarán percibiendo dicha prestación hasta que dejen de concurrir los requisitos y proceda su extinción.

3°) Las solicitudes presentadas con anterioridad a la entrada en vigor de esta norma se regirán por la norma vigente al tiempo de su presentación, excepto en relación con la actualización de los límites de ingresos anuales, para la cual se aplicarán las normas relativas a la prestación económica por nacimiento o adopción de hijo en supuestos de familias numerosas, monoparentales y de madres o padres con discapacidad.

4°) Las solicitudes presentadas dentro de los treinta días naturales siguientes a la entrada en vigor del RDL, en las que se hubiese alegado la imposibilidad para su presentación en una fecha anterior, derivada de la suspensión de plazos administrativos establecida en el RD 463/2020, de 14 de marzo, por el que se declaró el estado de alarma para la gestión de la situación de crisis sanitaria ocasionada por el COVID-19, se considerarán presentadas en la fecha que la persona solicitante indique que quiso ejercer su derecho y se produjo dicha imposibilidad.

57. LAS COMPATIBILIDADES DEL INGRESO MÍNIMO VITAL CON EL TRABAJO POR CUENTA PROPIA O POR CUENTA AJENA Y SUS LÍMITES

El Art 8.4 del RDL establece que, con el fin de que la percepción del ingreso mínimo vital no desincentive la participación en el mercado laboral, la percepción del ingreso mínimo vital será compatible con las rentas del trabajo o la actividad económica por cuenta propia de la persona beneficiaria individual o, en su caso, de uno o varios miembros de la unidad de convivencia en los términos y con los límites que reglamentariamente se establezcan.

En estos casos, se establecerán las condiciones en las que la superación en un ejercicio de los límites de rentas establecidos en el Art, 8,2 del RDL por esta causa no suponga la pérdida del derecho a la percepción del ingreso mínimo vital en el ejercicio siguiente. Este desarrollo reglamentario, en el marco del diálogo con las organizaciones empresariales y sindicales más representativas, prestará especial atención a la participación de las personas con discapacidad y las familias monoparentales.

En este último sentido, entre los requisitos que el Real Decreto-Ley establece para la solicitud del ingreso mínimo vital se encuentra la *"situación de vulnerabilidad económica"* del beneficiario por carecer de rentas, ingresos o patrimonio suficientes (Art. 8.2 del RDL): *"se apreciará que concurre este requisito cuando el promedio mensual del conjunto de ingresos y rentas anuales computables de la persona beneficiaria individual o del conjunto de miembros de la unidad de convivencia, correspondientes al ejercicio anterior, en los términos establecidos en el Art.18 del RDL*[6]*, sea infe-*

---

6 **Artículo 18. Cómputo de los ingresos y patrimonio.**
"1. El cómputo de los ingresos del ejercicio anterior se llevará a cabo atendiendo a las siguientes reglas:
a) Con carácter general las rentas se computarán por su valor íntegro, excepto las procedentes de actividades económicas, de arrendamientos de inmuebles o de regímenes especiales, que se computarán por su rendimiento neto.
b) Los rendimientos procedentes de actividades económicas, las ganancias patrimoniales generadas en el ejercicio y de los regímenes especiales, se computarán por la cuantía que se integra en la base imponible del Impuesto sobre la Renta de las Per-

sonas Físicas o normativa foral correspondiente según la normativa vigente en cada período.
c) Cuando el beneficiario disponga de bienes inmuebles arrendados, se tendrán en cuenta sus rendimientos como ingresos menos gastos, antes de cualquier reducción a la que tenga derecho el contribuyente, y ambos determinados, conforme a lo dispuesto al efecto en la normativa reguladora del Impuesto sobre la Renta de las Personas Físicas, o normativa foral correspondiente, aplicable a las personas que forman la unidad de convivencia. Si los inmuebles no estuviesen arrendados, los ingresos computables se valorarán según las normas establecidas para la imputación de rentas inmobiliarias en la citada normativa y correspondiente norma foral.
d) Computará como ingreso el importe de las pensiones y prestaciones, contributivas o no contributivas, públicas o privadas.
e) Se exceptuarán del cómputo de rentas:
1.º Los salarios sociales, rentas mínimas de inserción o ayudas análogas de asistencia social concedidas por las comunidades autónomas.
2.º Las prestaciones y ayudas económicas públicas finalistas que hayan sido concedidas para cubrir una necesidad específica de cualquiera de las personas integrantes de la unidad de convivencia, tales como becas o ayudas para el estudio, ayudas por vivienda, ayudas de emergencia, y otras similares.
3.º Las rentas exentas a las que se refieren los párrafos b), c), d), i), j), n), q), r), s), t) e y) del artículo 7 de la Ley 35/2006, de 28 de noviembre, del Impuesto sobre la Renta de las Personas Físicas y de modificación parcial de las leyes de los Impuestos sobre Sociedades, sobre la Renta de no Residentes y sobre el Patrimonio.
2. Para el cómputo de ingresos se tendrán en cuenta los obtenidos por los beneficiarios durante el ejercicio anterior a la solicitud. El importe de la prestación será revisado cada año teniendo en cuenta la información de los ingresos del ejercicio anterior. Para determinar en qué ejercicio se han obtenido los ingresos se adoptará el criterio fiscal.
3. Para la determinación de los rendimientos mensuales de las personas que forman la unidad de convivencia se computa el conjunto de rendimientos o ingresos de todos los miembros, de acuerdo con lo establecido en la Ley 35/2006, de 28 de noviembre, del Impuesto sobre la Renta de las Personas Físicas y de modificación parcial de las leyes de los Impuestos sobre Sociedades, sobre la Renta de no Residentes y sobre el Patrimonio.
No se computarán las rentas previstas en el apartado 1.e). A la suma de ingresos detallados anteriormente se restará el importe del Impuesto sobre la renta devengado y las cotizaciones sociales.
4. Se considera patrimonio la suma de los activos no societarios, sin incluir la vivienda habitual, y el patrimonio societario neto, tal como se definen en los siguientes apartados.
5. Los activos no societarios son la suma de los siguientes conceptos:
a) Los inmuebles, excluida la vivienda habitual.
b) Las cuentas bancarias y depósitos.

rior, al menos en 10 euros, a la cuantía mensual de la renta garantizada con esta prestación que corresponda en función de la modalidad y del número de miembros de la unidad de convivencia en los términos del Art. 10 del RDL[7].

---

c) Los activos financieros en forma de valores, seguros y rentas y las participaciones en Instituciones de Inversión Colectiva.
d) Las participaciones en planes, fondos de pensiones y sistemas alternativos similares.
6. El patrimonio societario neto incluye el valor de las participaciones en el patrimonio de sociedades en las que participen de forma directa o indirecta alguno de los miembros de la unidad de convivencia, con excepción de las valoradas dentro de los activos no societarios.
7. Los activos no societarios se valorarán de acuerdo con los siguientes criterios:
a) Los activos inmobiliarios de carácter residencial de acuerdo con el valor de referencia de mercado al que se hace referencia en al artículo 3.1 y la disposición final tercera del texto refundido de la Ley del Catastro Inmobiliario, aprobado por el Real Decreto Legislativo 1/2004, de 5 de marzo, y, en ausencia de este valor, por el valor catastral del inmueble.
b) El resto de activos inmobiliarios, bien sean de carácter urbano, bien sean de carácter rústico, de acuerdo con el valor catastral del inmueble.
c) Las cuentas bancarias y depósitos, los activos financieros y las participaciones, por su valor a 31 de diciembre consignado en las últimas declaraciones tributarias informativas disponibles cuyo plazo reglamentario de declaración haya finalizado en el momento de presentar la solicitud.
8. El patrimonio societario se valorará, para cada uno de los miembros de la unidad de convivencia, aplicando los porcentajes de participación en el capital de las sociedades no incluidas dentro de los activos no societarios, al valor del patrimonio neto de dichas sociedades y de las que pertenezcan directa o indirectamente a estas consignado en las últimas declaraciones tributarias para las que haya finalizado el ejercicio fiscal para todos los contribuyentes".

7 **Artículo 10. Determinación de la cuantía.**
"1. La cuantía mensual de la prestación de ingreso mínimo vital que corresponde a la persona beneficiaria individual o a la unidad de convivencia vendrá determinada por la diferencia entre la cuantía de la renta garantizada, según lo establecido en el apartado siguiente, y el conjunto de todas las rentas e ingresos de la persona beneficiaria o de los miembros que componen esa unidad de convivencia del ejercicio anterior, en los términos establecidos en los artículos 8, 13 y 17, siempre que la cuantía resultante sea igual o superior a 10 euros mensuales.
2. A los efectos señalados en el apartado anterior, se considera renta garantizada:
a) En el caso de una persona beneficiaria individual, la cuantía mensual de renta garantizada ascenderá al 100 por ciento del importe anual de las pensiones no contributivas fijada anualmente en la ley de presupuestos generales del estado, dividido por doce.

A efectos de este RDL, no computarán como ingresos los salarios sociales, rentas mínimas de inserción o ayudas análogas de asistencia social concedidas por las comunidades autónomas, y otros ingresos y rentas de acuerdo con lo previsto en el Art. 18".

---

b) En el caso de una unidad de convivencia la cuantía mensual de la letra a) se incrementará en un 30 por ciento por cada miembro adicional a partir del segundo hasta un máximo del 220 por ciento.
c) A la cuantía mensual establecida en la letra b) se sumará un complemento de monoparentalidad equivalente a un 22 por ciento de la cuantía establecida en la letra a) en el supuesto de que la unidad de convivencia sea monoparental. A los efectos de determinar la cuantía de la prestación, se entenderá por unidad de convivencia monoparental la constituida por un solo adulto que conviva con uno o más descendientes hasta el segundo grado menores de edad sobre los que tenga la guarda y custodia exclusiva, o que conviva con uno o más menores en régimen de acogimiento familiar permanente o guarda con fines de adopción cuando se trata del único acogedor o guardador, o cuando el otro progenitor, guardador o acogedor se encuentre ingresado en prisión o en un centro hospitalario por un periodo ininterrumpido igual o superior a un año.
En el supuesto de que los descendientes o menores referidos en el párrafo anterior convivan exclusivamente con sus progenitores o, en su caso, con sus abuelos o guardadores o acogedores, se reconocerá el mismo complemento, cuando uno de estos tenga reconocido un grado 3 de dependencia, la incapacidad permanente absoluta o la gran invalidez. También se entenderá como unidad de convivencia monoparental, a efectos de la percepción del indicado complemento, la formada exclusivamente por una mujer que ha sufrido violencia de género, de acuerdo con la Ley Orgánica 1/2004, de 28 de diciembre, de medidas de protección integral contra la violencia de género, y uno o más descendientes hasta el segundo grado, menores de edad, sobre los que tenga la guarda y custodia o, en su caso, uno o más menores en régimen de acogimiento familiar permanente o guarda con fines de adopción.
3. Reglamentariamente se determinará el posible incremento de las cuantías fijadas en los párrafos anteriores cuando se acrediten gastos de alquiler de la vivienda habitual superiores al 10 por ciento de la renta garantizada que corresponda, en su cuantía anual, en función del tamaño y configuración de la unidad de convivencia.
4. Cuando los mismos hijos o menores o mayores incapacitados judicialmente formen parte de distintas unidades familiares en supuestos de custodia compartida establecida judicialmente, se considerará, a efectos de la determinación de la cuantía de la prestación, que forman parte de la unidad donde se encuentren domiciliados.
5. Para el ejercicio 2020, la cuantía anual de renta garantizada en el caso de una persona beneficiaria individual asciende a 5.538 euros. Para la determinación de la cuantía aplicable a las unidades de convivencia, se aplicará la escala establecida en el anexo I sobre la base de la cuantía correspondiente a una persona beneficiaria individual".

V.2. El régimen de las incompatibilidades de las rentas autonómicas de inserción social

58. LA INCOMPATIBILIDAD DE LAS RENTAS MÍNIMAS AUTONÓMICAS CON OTROS INGRESOS

Con carácter general, las rentas mínimas autonómicas son incompatibles con cualquier otro tipo de ingreso, prestación o pensión que iguale o supere su cuantía. Entre los requisitos exigidos para su concesión figura *"la carencia de recursos económicos suficientes para cubrir las necesidades básicas de la vida"*, soliendo exigirse que los recursos disponibles sean inferiores al importe de la Renta Mínima correspondiente para ese beneficiario.

En el caso de que el beneficiario tenga algún ingreso de menor cuantía, estas rentas se conceptúan como rentas complementarias a aquellas, hasta completar el importe fijado de la renta autonómica, descontando el importe de esos ingresos, aunque se suele fijar un importe mínimo a esta renta.

A estos efectos, se suelen excluir del cómputo las prestaciones sociales de carácter finalista (por ejemplo, las becas comedor, becas de formación, ayudas de transporte, y prestaciones por hijos a cargo).

59. LA COMPATIBILIDAD DE LAS RENTAS MÍNIMAS AUTONÓMICAS CON EL INGRESO MÍNIMO VITAL

El ingreso mínimo vital se configura como el suelo de protección general. La Exposición de Motivos del RDL 20/2020 señala en este sentido que el ingreso mínimo vital "*se configura como una prestación «suelo» que se hace compatible con las prestaciones autonómicas que las comunidades autónomas, en el ejercicio de sus competencias estatutarias, puedan conceder en concepto de rentas mínimas, tanto en términos de cobertura como de generosidad. De esta forma, el diseño del ingreso mínimo vital, respetando el principio de autonomía política, permite a las comunidades autónomas mo-*

dular su acción protectora para adecuarla a las peculiaridades de su territorio, al tiempo que preserva su papel como última red de protección asistencial".

Así, a efectos del cumplimiento del requisito de "*vulnerabilidad económica*", no se computarán "*los salarios sociales, las rentas mínimas de inserción o ayudas análogas de asistencia social concedidas por las Comunidades Autónomas*" (Arts. 8.2 y 18.1.e.1° del RDL 20/2020).

El ingreso mínimo vital tiene un ámbito subjetivo de protección similar a las rentas autonómicas (los requisitos exigidos son similares, aunque configurados de manera diferente), si bien el ingreso mínimo vital se ajusta más a la diversidad de hogares presentes en la actualidad (por ejemplo, a través del reconocimiento de la posible existencia de varias unidades de convivencia independientes en un mismo domicilio) y trata de simplificar el proceso de solicitud para reducir los vacíos de protección existentes con el modelo previo. Asimismo, la mayoría de las rentas mínimas autonómicas también tienen un carácter temporal indefinido. No obstante, el ingreso mínimo vital mejora, generalmente, la cuantía media de las rentas mínimas autonómicas.

Con la configuración actual del ingreso mínimo vital, un beneficiario del mismo podría obtener también el derecho a una renta mínima autonómica, si bien, computando el ingreso mínimo vital a afectos del cumplimiento del requisito de carencia de rentas. Si se cumpliera tal requisito, la cuantía de la renta mínima autonómica en cuestión se vería reducida proporcionalmente.

Sin embargo, la Exposición de Motivos del RDL 20/2020 deja la puerta abierta a una posible reforma del sistema autonómico para que estas rentas puedan complementar a la estatal "*tanto en términos de cobertura como de generosidad*". Es decir, parece que se está invitando a las Comunidades Autónomas a repensar sus modelos de rentas mínimas para tratar de llegar a personas que puedan quedar fuera de la protección estatal y, asimismo, mejorar la protección de aquellas personas que sí estén incluidas dentro del ingreso mínimo vital como complemento adicional a la ayuda básica de éste en función del diferente coste de vida en la Comunidad Autónoma.